丛书策划 / 李世跃
丛书统筹 / 陶　玮

幽梦影·幽梦续影

【清】张潮 朱锡绶/著
谢阳/校注

明清小品文系列

文化艺术出版社
Culture and Art Publishing House

图书在版编目（CIP）数据

幽梦影·幽梦续影 /（清）张潮，（清）朱锡绶著；
谢阳校注.—北京：文化艺术出版社，2014.12
（明清小品文系列）
ISBN 978-7-5039-5918-9
Ⅰ.①幽… Ⅱ.①张… ②朱… ③谢… Ⅲ.①人生哲学－中国－清代 ②《幽梦影·幽梦续影》－注释 Ⅳ.①B825

中国版本图书馆CIP数据核字（2014）第267721号

幽梦影·幽梦续影
（明清小品文系列）

著　　者　（清）张潮　（清）朱锡绶
校　　注　谢　阳
责任编辑　唐　嘉　齐大任
装帧设计　顾　紫
出版发行　文化艺术出版社
地　　址　北京市东城区东四八条52号　（100700）
网　　址　www.whyscbs.com
电子邮箱　whysbooks@263.net
电　　话　（010）84057666（总编室）84057667（办公室）
　　　　　（010）84057691—84057699（发行部）
传　　真　（010）84057660（总编室）84057670（办公室）
　　　　　（010）84057690（发行部）
经　　销　全国新华书店
印　　刷　国英印务有限公司
版　　次　2015年5月第1版
印　　次　2015年5月第1次印刷
印　　张　6.375
字　　数　50千字
开　　本　790毫米×960毫米　1/32
书　　号　ISBN 978-7-5039-5918-9
定　　价　25.00元

目 录

卷一 幽梦影

卷一

幽梦影

【清】张潮/著

幽梦影序一

张心斋[①]先生家自黄山，才奔陆海[②]。柟榴赋[③]就，锦月投怀；芍药词成，繁花作馔。苏子瞻十三楼外[④]，景物犹然；杜牧之廿四桥头[⑤]，流风仍在。静能见性，洵哉人我不间而喜嗔不形；弱仅胜衣，或者清虚日来而滓秽日去。怜才惜玉，心是灵犀；绣腹锦胸，身同丹凤。花间选句，尽来珠玉之音；月下题词，已满珊瑚之笥。岂如兰台[⑥]作赋，仅别东西；漆园[⑦]著书，徒分内外而已哉？然而繁文艳语，止才子余能；而卓识奇思，诚词人本色。若夫舒性情而为著述，缘阅历以作篇章。清如梵室之钟，令人猛省；响若尼山[⑧]之铎，别有深思。则《幽梦影》一书，余诚不能已于手舞足蹈、心旷神怡也。其云“益人谓善，害物谓恶”，咸仿佛乎外王内圣之言；又谓“律己宜秋，处世宜春”，亦陶熔乎诚意正心之旨。他如片花寸草，均有会心；遥水近山，不遗玄想。息机物外，古人之糟粕不论；信手拈时，造化之精微入悟。湖山乘兴，尽可投囊；风月维潭，兼供挥麈。金绳觉路，宏开入梦之毫[⑨]；宝筏迷津，直渡广长之舌。以风流为道学，寓教化于诙谐。为色为空，知犹有这个在；如梦如影，且应作如是观。

湖上晦村学人石庞[10]天外氏偶书

---

①张心斋：张潮（生卒年不详），字山来，号心斋居士，清代文学家、小说家，著有《幽梦影》《心斋诗集》等。

②陆海：指西晋陆机，钟嵘《诗品》中称赞，“陆才如海”，故有此称。陆机（261—303），字士衡，西晋文学家、书法家，其书法作品《平复帖》是我国现存最早的名人书法真迹。

③柟榴赋：指三国时广陵张纮所作的《柟榴枕赋》。柟，音nán，同“楠”。

④苏子瞻十三楼外：苏轼有“游人都上十三楼，不羡竹西，歌吹古扬州”之句。苏轼（1037—1101），字子瞻，号东坡居士，北宋重要文学家，代表作品有《赤壁赋》《念奴娇·赤壁怀古》《浣溪沙》等。

⑤杜牧之廿四桥头：杜牧有“二十四桥明月夜，玉人何处教吹箫”之句。杜牧（803—约852），字牧之，唐代著名诗人、散文家。

⑥兰台：汉代的典籍库房，这里指东汉班固。班固（32—92），字孟坚，东汉著名史学家、文学家。曾任兰台史令。

⑦漆园：地名，代指庄子，据传庄子曾在此为吏。庄子（前369—前286），字子休，东周战国中期著名思想家、哲学家和文学家，道家学派主要代表人物之一。

⑧尼山：孔子的出生地，这里代指孔子。孔子（551—479），字仲尼，东周春秋末期著名思想家、教育家、政治家，儒家学派的创始人。

⑨毫：指毛笔。

⑩石庞：（1671—1703），字晦村，号天外，明代戏曲作家，著有诗文集《天外谈》四卷以及戏曲作品《壶中天》《薄命缘》等。

幽梦影序二

心斋著书满家，皆含经咀史，自出机杼，卓然可传，是编是其一脔片羽;然三才之理，万物之情，古今人事之变，皆在是矣。顾题之以“梦”且“影”云者，吾闻海外有国焉，夜长而昼短，以昼之所为为幻，以梦之所遇为真；又闻人有恶其影而欲逃之者。然则“梦”也者，乃其所以为觉;“影”也者，乃其所以为形也耶？廋辞[①]隐语，言无罪而闻足戒，是则心斋所为尽心焉者也。读是编也，其亦可以闻破梦之钟而就阴以息影也夫！

江东同学孙致弥[②]题

---

① 廋辞：为书面语，指隐语、谜语。廋，音 sōu。

② 孙致弥：（约 1671 年前后在世），字恺似，一字松坪，著有《朝鲜采风录》《杕左堂集》等。

幽梦影序三

余穷经读史之余，好览稗官小说，自唐以来不下数百种。不但可以备考遗忘，亦可以增长意识。如游名山大川者必探断崖绝壑，玩乔松古柏者必采秀草幽花，使耳目一新，襟情怡宕；此非头巾褦襶[①]章句腐儒之所知也。故余于咏诗撰文之暇笔录古轶事、今新闻，自少至老杂著数十种，如《说史》《说诗》《党鉴》《盈鉴》《东山谈苑》《汗青余语》《砚林不妄语述》《茶史补》《四莲花斋杂录》《曼翁漫录》《禅林漫录》《读史浮白集》《古今书字辨讹》《秋雪丛谈》《金陵野抄》之类，虽未雕板问世，而友人借抄几遍东南诸郡，直可傲子云[②]而睨君山[③]矣。天都张仲子心斋，家积缥缃[④]，胸罗星宿，笔花缭绕，墨渖淋漓。其所著述，与余旗鼓相当，争奇斗富。如孙伯符[⑤]与太史子义[⑥]相遇于神亭，又如石崇[⑦]、王恺[⑧]击碎珊瑚时也。其《幽梦影》一书，尤多格言妙论，言人之所不能言。道人之所未经道。展味低徊，似餐帝浆沆瀣[⑨]，听钧天广乐，不知此身之在下方尘世矣。至如："律己宜带秋气，处世宜带春气。""婢可以当奴，奴不可以当婢。""无损于世，谓之善人；有害于世，谓之恶人。”“寻乐境乃学仙，避苦境乃学佛。”超超玄著，绝胜支[10]、许[11]清谈。人当镂心铭腑，岂止佩韦书绅[12]而已哉。

鬘持老人余怀[13]广霞制

---

① 褦襶：音 nài dài，为书面语，指衣服粗重宽大，既不合身，也不合时。比喻不懂事，无能。

② 子云：杨雄（前 53—18），字子云，西汉著名辞赋家。

③ 君山：桓谭（约前 23—约前 50），字君山，东汉哲学家、思想家。

④ 缥缃：代指书卷。

⑤ 孙伯符：孙策（175—200），字伯符，三国时期吴国奠基人之一。

⑥ 太史子义：太史慈（166—206），字子义，三国时期东吴名将。

⑦ 石崇：（249—300），字季伦，西晋时期文学家，“金谷二十四友”之一，曾任南中郎将、荆州刺史等职。

⑧ 王恺：晋武帝司马炎的母舅。

⑨ 沆瀣：音 hàng xiè，为书面语，指夜间的水汽。

⑩ 支：指东晋高僧支遁。

⑪ 许：指东晋名士许询。

⑫ 佩韦书绅：把皮绳绑在自己身上用以自警。也指把别人的劝诫之言写在自己的腰带上用以自戒。韦，皮绳。绅，腰带。

⑬ 余怀：（1616—1696），字淡心，一字无怀，号曼翁、广霞，晚年自号鬘持老人，清代文学家，著有《板桥杂记》《研山堂集》《秋雪词》等。

幽梦影序四

《记》曰："和顺积于中，英华发于外。"凡文人之言，皆英华之发于外者也，而无不本乎中之积而适与其人肖焉。是故其人贤者其言雅，其人哲者其言快，其人高者其言爽，其人达者其言旷，其人奇者其言创，其人韵者其言多情而可思。张子所云"对渊博友如读异书，对风雅友如读名人诗文，对滑稽友如阅传奇小说"，正此意也。彼在昔立言之人，至今传者，岂徒传其言哉？传其人而已矣。今举集中之言，有快若并州之剪，有爽若哀家之梨，有雅若钧天之奏，有旷若空谷之音。创者则如新锦出机，多情者则如游丝袅树。以为贤人可也，以为哲人可也，以为达人、奇人可也，以为高人、韵人亦无不可也。譬之瀛洲之木，日中视之，一叶百影；张子以一人而兼众妙，其殆瀛木之影欤？然则曰手此一编，不啻与张子晤对，罄彼我之怀，又奚俟梦中相寻，以致迷不知路、中道而返哉？

同学弟松溪王晫[1]拜题

① 松溪王晫：王晫（1636—？），字丹麓，自号松溪子，清代顺治四年秀才，工于诗文，著有《遂生集》十二卷、《霞举堂集》三十五卷及杂著多种。

第1则

读经宜[1]冬，其神专也；读史宜夏，其时久也；读诸子宜秋，其致别也[2]；读诸集[3]宜春，其机畅也。

曹秋岳[4]曰：可想见其南面百城[5]时。

庞笔奴曰：读《幽梦影》则春夏秋冬，无时不宜。

---

① 宜：适宜。

② 其致别也：能领悟到不同的情致。致，情致。

③ 诸集：指诗词文集。

④ 曹秋岳：曹溶（1613—1685），字秋岳，著有《静惕堂集》等。

⑤ 南面百城：成语，比喻藏书之多。出自北齐魏收《魏书·逸士传·李谧》："丈夫拥书万卷，何假南面百城？"

第2则

经传[1]宜独坐读，史鉴[2]宜与友共读。

孙恺似[3]曰：深得此中真趣，固难为不知者道。

王景州[4]曰：如无好友，即红友亦可也[5]。

---

① 经传：儒家典籍的统称。

② 史鉴：古代历史著作的统称。

③ 孙恺似：即孙致弥。

④ 王景州：王仲儒（1634—1698），字景州，著有《西斋集》《离朱集》等。

⑤ 如无好友，即红友亦可也：如无好友相伴，有酒也可以。红友，酒的别称。

第3则

无善无恶是圣人；如“帝力何有于我”①、“杀之而不怨，利之而不庸”、“以直报怨，以德报德”、“一介不与，一介不取”②之类。善多恶少是贤者；如颜子③不贰过④，有不善未尝不知，子路⑤人告有过则喜之类。善小恶多是庸人⑥，有恶无善是小人；其偶为善处，亦必有所为。有善无恶是仙佛；其所谓善，亦非吾儒⑦之所谓善也。

黄九烟⑧曰：今人一介不与者甚多，普天之下皆半边圣人也。利之不庸者亦复不少。

江含徵⑨曰：先恶后善是回头人，先善后恶是两截人。

殷日戒⑩曰：貌善而心恶者是奸人，亦当分别。

冒青若⑪曰：昔人云：“善可为而不可为。”唐解元⑫诗云：“善亦懒为何况恶。”当于有无多少中更进一层。

---

① 帝力何有于我：帝王权势对我有什么影响？

② 一介不与，一介不取：丝毫不给予，丝毫不索取。

③ 颜子：即颜回。颜回（前521—前481），字子渊，孔子的得意门生。

④ 不贰过：不重复犯第二次错误。

⑤ 子路：仲由（前542—前480），字子路，孔子的得意门生。

⑥ 庸人：指普通人、平常人。

⑦ 吾儒：儒家学者的自称。

⑧ 黄九烟：黄周星（1611—1680），字九烟、略似，明末诗人，入清隐居变名黄人，著有《夏为堂集》《制曲枝语》等。

⑨ 江含徵：江之兰（生卒年不详），字含徵，清初医家，著有《医津一筏》《内经释要》等。

⑩ 殷日戒：殷曙（1624—？），字日戒，著有《竹溪杂述》。
⑪ 冒青若：冒丹书（1639—？），字青若，著有《枕烟堂集》《西堂集》。
⑫ 唐解元：即唐寅。唐寅（1470—1523），字伯虎，明代著名画家、文学家，江南四大才子之一。

第4则

天下有一人知己,可以不恨[①]。不独[②]人也,物亦有之。如菊以渊明为知己;梅以和靖[③]为知己;竹以子猷[④]为知己;莲以濂溪[⑤]为知己；桃以避秦人[⑥]为知己；杏以董奉[⑦]为知己；石以米颠[⑧]为知己；荔枝以太真[⑨]为知己；茶以卢仝[⑩]、陆羽[⑪]为知己；香草[⑫]以灵均[⑬]为知己；莼鲈[⑭]以季鹰[⑮]为知己；蕉以怀素[⑯]为知己；瓜以邵平[⑰]为知己；鸡以处宗[⑱]为知己；鹅以右军[⑲]为知己；鼓以祢衡[⑳]为知己；琵琶以明妃[㉑]为知己。一与之订[㉒]，千秋不移。若松之于秦始，鹤之于卫懿[㉓]，正所谓不可与作缘者也[㉔]。

查二瞻[㉕]曰：此非松、鹤有求于秦始、卫懿，不幸为其所近，欲避之而不能耳。

殷日戒曰：二君究非知松鹤者，然亦无损其为松鹤。

周星远曰:鹤于卫懿犹当感恩,至吕政[㉖]五大夫之爵[㉗],直是唐突十八公[㉘]耳。

王名友曰：松遇封，鹤乘轩，还是知己；世间尚有劚[㉙]松煮鹤者，此又秦卫之罪人也。

张竹坡[30]曰：人中无知己而下求于物，是物幸而人不幸矣；物不遇知己而滥用于人，是人快而物不快矣。可见知己之难。知其难，方能知其乐。

---

①不恨：不遗憾。

②独：单，仅仅。

③和靖：林逋（967—1028），字君复，又称和靖先生，北宋著名诗人、词人、隐士。

④子猷：东晋书法家王羲之之子。猷，音 yóu。

⑤濂溪：周敦颐（1017—1073），原名敦实，别称濂溪先生，北宋理学家、哲学家。

⑥避秦人：指陶渊明《桃花源记》中的桃花源人。

⑦董奉：（220—280），字君异，东汉末年侯官县（今福建长乐市古槐镇）人，与华佗、张仲景并称“建安三神医”。隐居庐山，为人治病不收钱物，只要求重症病人在山中种植杏树五株，数年后杏树达十万余株，当地人称“董仙杏林”。

⑧米颠：米芾（1051—1107），字元章，北宋书画家。因个性怪异，举止狂癫，因而人称“米颠”。

⑨太真：杨玉环（719—756），号太真，唐玄宗贵妃。

⑩卢仝：（约 795—835），唐代诗人，作有《走笔谢孟谏议新茶》诗，是韩孟诗派重要人物之一。

⑪陆羽：（733—804），唐代著名茶学专家，著有《茶经》。

⑫香草：散发香味的植物，屈原《楚辞》用香草美人比喻忠贞之人。

⑬灵均：屈原（约前 339—前 278），名正则，字灵均，战国末期楚国辞赋家。

⑭莼鲈：菜肴，莼羹、鲈鱼脍之类。常用莼鲈之思比喻思念故乡。

⑮季鹰：张翰（生卒年不详），字季鹰，西晋文学家。

⑯怀素：（725—785），唐代僧人，善书法，为玄奘弟子。

⑰邵平：秦广陵人。中国古秦国的东陵侯，古秦国灭亡之后，以种瓜为生。

⑱处宗：即晋兖州刺史宋处宗。《幽明录》里有记载：“晋兖州刺史沛国宋处宗，尝买得一长鸣鸡，爱养甚至，恒笼著窗间；鸡遂作人语，与处宋谈论，极有

言致，终日不辍。处宗因此言功大进。”

⑲ 右军：指东晋书法家王羲之，曾任右军将军，故被人称为“王右军”。

⑳ 祢衡：（173—198），东汉名士，个性恃才傲物，和孔融交好。祢，音 mí 。

㉑ 明妃：王昭君（约前 52—前 20），中国古代四大美人之一，晋朝时为避司马昭讳，又称“明妃”。

㉒ 一与之订：相互一旦认定为知己。

㉓ 卫懿：卫懿公（？—前 660），春秋时期卫国第十八任国君，嗜好养鹤。

㉔ 不可与作缘者也：不应该与其结缘。

㉕ 查二瞻：查士标（1615—1698），字二瞻，清初著名画家、书法家、诗人。

㉖ 吕政：即秦始皇（前 259—前 210），名政，相传为吕不韦之子。

㉗ 五大夫之爵：春秋时卫懿好鹤，使鹤乘坐大夫车，被世人戏称仙鹤享有五大夫的权力和殊荣。五大夫，官名。

㉘ 十八公：指松树，是轻蔑的说法。

㉙ 斸：音 zhú，用砍刀、斧等工具砍削或锄一类的农具，指砍的意思。

㉚ 张竹坡：张道深（1670—1698），名深道，字自德，号竹坡，著有《金瓶梅评点》和诗集《十一草》等。

第5则

为月忧云，为书忧蠹[①]，为花忧风雨，为才子佳人忧命薄，真是菩萨心肠。

余淡心[②]曰：洵如君言，亦安有乐时耶？

孙松坪[③]曰：所谓君子有终身之忧者耶？

黄交三[④]曰：“为才子佳人忧命薄”[⑤]一语，真令人泪湿青衫。

张竹坡曰：第四忧，恐命薄者消受不起。

江含徵曰：我读此书时，不免为蟹忧雾。

竹坡又曰：江子此言，直是为自己忧蟹耳。

尤悔庵[⑥]曰：杞人忧天，嫠妇[⑦]忧国，无乃类是！

---

① 蠹：音 dù，指蛀食书稿的虫子。

② 余淡心：即余怀。

③ 孙松坪：即孙致弥。

④ 黄交三：黄泰来（生卒年不详），字交三，号石闾，著有《观海集》《浮香阁集》《浣花集》等。

⑤ 佳人忧命薄：语出苏轼《薄命佳人》："自古佳人多命薄，闭门春尽杨花落"。

⑥ 尤悔庵：尤侗（1618—1704），号悔庵，晚号艮斋，明末清初文学家、戏曲家。著有《艮斋杂记》、传奇《钧天乐》，以及杂剧《诗离骚》《清平调》等。

⑦ 嫠妇：寡妇。嫠，音 lí。

第6则

花不可以无蝶，山不可以无泉，石不可以无苔，水不可以无藻，乔木不可以无藤萝，人不可以无癖[①]。

黄石闾[②]曰："事到可传皆具癖"，正谓此耳。

孙松坪曰：和长舆[③]却未许藉口。

---

① 癖：癖好、嗜好。

② 黄石闾：即黄泰来。

③ 和长舆：和峤（？—292），字长舆，曹魏后期至西晋初年大臣。

第7则

春听鸟声，夏听蝉声，秋听虫声，冬听雪声；白昼听棋声，月下听箫声，山中听松风声，水际听欸乃声①，方不虚生此耳。若恶少斥辱，悍妻诟谇②，真不若耳聋也。

黄仙裳③曰：此诸种声颇易得，在人能领略耳。

朱菊山④曰：山老所居乃城市山林，故其言如此；若我辈，日在广陵城市中，求一鸟声不啻如凤凰之鸣，顾可易言耶！

释中洲曰：昔文殊选二十五位圆通⑤，以普门耳根⑥为第一；今心斋居士耳根不减普门，吾他日选圆通，自当以心斋为第一矣。

张竹坡曰：久客者欲听儿辈读书声，了不可得。

张迂庵曰：可见对恶少悍妻，尚不若日与禽虫周旋也。又曰：读此，方知先生耳聋之妙。

---

① 欸乃声：渔歌声。欸，音 ǎi。

② 诟谇：音 gòu cuì，指恶骂。

③ 黄仙裳：黄云（1621—1702），字仙裳，号旧樵，著有《悠然堂集》《桐引楼诗》等。

④ 朱菊山：朱慎（生卒年不详），字其恭，号浮园、菊山，清代诗人，著有《浮园诗集》。

⑤ 圆通：佛教语。圆满周遍，融通无碍之义。《楞严经》中记载：文殊菩萨评点了二十五位阿罗汉的修行圆通的法门。圆，不偏倚。通，无阻碍。

⑥ 普门耳根：佛教语。指根据《普门品》修行“耳根圆通”法门。

第8则

上元[1]须酌豪友[2]，端午[3]须酌丽友[4]，七夕[5]须酌韵友[6]，中秋[7]须酌淡友[8]，重九[9]须酌逸友[10]。

朱菊山曰：我于诸友中，当何所属耶？

王武徵[11]曰：君当在豪与韵之间耳。

王名友曰：维扬[12]丽友多，豪友少，韵友更少。至于淡友、逸友，则削迹矣。

张竹坡曰：诸友易得，发心酌之者为难能耳。

顾天石[13]曰：除夕须酌不得意之友。

徐砚谷曰：惟我则无时不可酌耳。

尤谨庸[14]曰：上元酌[15]灯，端午酌彩丝，七夕酌双星，中秋酌月，重九酌菊，则吾友俱备矣。

---

① 上元：上元节，即农历正月十五。

② 豪友：指豪放不羁的朋友。

③ 端午：端午节，即农历五月初五。

④ 丽友：指端庄秀丽的朋友。

⑤ 七夕：七夕节，即农历七月初七。

⑥ 韵友：指擅长诗文辞赋、儒雅的朋友。

⑦ 中秋：中秋节，即农历八月十五。

⑧ 淡友：指恬淡平和的朋友。

⑨ 重九：重阳节，即农历九月初九。

⑩ 逸友：方外之友，指有高雅超脱的朋友。

⑪ 王武徵：王方岐（生卒年不详），字武徵，清代文学家，著有《蒙斋文集》《蒙斋诗集》等。

⑫ 维扬：即扬州。
⑬ 顾天石：顾彩（1650—1718），字天石，清代戏曲家，著有诗文集《往深斋集》《鹤边词》等。
⑭ 尤谨庸：尤珍（1647—1721），字慧珠、谨庸，著有《沧湄札记》《沧湄诗钞》等。
⑮ 酌：与，相伴。

第9则

鳞虫①中金鱼，羽虫②中紫燕③，可云物类神仙。正如东方曼倩④避世金马门⑤，人不得而害之。

江含徵曰：金鱼之所以免汤镬者，以其色胜而味苦耳。昔人有以重价觅奇特者，以馈邑侯⑥，邑侯他日谓之曰："贤所赠花鱼殊无味。"盖已烹之矣。世岂少削圆方竹杖者哉！

---

① 鳞虫：指鱼类（包括龙）。
② 羽虫：指禽类。
③ 紫燕：燕的一种。
④ 东方曼倩：东方朔（前154–前93），字曼倩，西汉时期著名文学家，著有《答客难》《非有先生论》等名篇。
⑤ 金马门：汉代宫门名称。汉武帝将大宛马铜铸像立于鲁班门外，即将鲁班门更名为金马门。当时有很多文人待诏金马门，其中最有名的就是东方朔。
⑥ 邑侯：县令。

第10则

入世须学东方曼倩，出世须学佛印了元[①]。

江含徵曰：武帝高明喜杀，而曼倩能免于死者，亦全赖吃了长生酒耳。

殷日戒曰：曼倩诗有云："依隐玩世，诡时不逢。"此其所以免死也。

石天外[②]曰：入得世，然后出得世。入世、出世打成一片，方有得心应手处。

① 佛印了元：佛印（1032—1098），法号了元，宋代云门宗僧人，与苏轼交往甚多。工书能诗，尤善言辩。

② 石天外：即石庞。

第11则

赏花宜对佳人，醉月宜对韵人[①]，映雪宜对高人[②]。

余淡心曰：花即佳人，月即韵人，雪即高人；既已赏花、醉月、映雪，即与对佳人、韵人、高人无异也。

江含徵曰：若对此君[③]仍大嚼，世间那有扬州鹤[④]？

张竹坡曰：聚花、月、雪于一时，合佳、韵、高为一人，吾当不赏而心醉矣。

① 韵人：指通晓诗文的朋友。

② 高人：指品性高洁的君子。

③ 此君：指竹子。

④ 扬州鹤：引申为完美的事物。

第12则

对渊博友如读异书，对风雅友如读名人诗文，对谨饬友[1]如读圣贤经传，对滑稽友如阅传奇小说[2]。

李圣许曰：读这几种书，亦如对这几种友。

张竹坡曰：善于读书取友之言。

① 谨饬友：指严谨自律的朋友。

② 传奇小说：多指离奇怪异、妙趣横生的小说。

第13则

楷书须如文人，草书须如名将，行书介乎二者之间，如羊叔子[1]缓带轻裘，正是佳处。

程䎫老[2]曰：心斋不工书法，乃解作此语耶？

张竹坡曰：所以羲之[3]必做右将军。

① 羊叔子：羊祜（221—278），字叔子，西晋著名政治家、文学家。
② 程韡老：程京萼（1645—1715），字韦华，一字韡，清代书法家。韡，音 wěi。
③ 羲之：指王羲之，曾任右军将军，世称王右军。

第14则

人须求可入诗，物须求可入画。

龚半千[①]曰：物之不可入画者，猪也，阿堵物[②]也，恶少年也。

张竹坡曰：诗亦求可见得人，画亦求可像个物。

石天外曰：人须求可入画，物须求可入诗，亦妙。

① 龚半千：龚贤（1618–1689），字半千，明末清初著名画家，著有《画诀》《香草堂集》《半亩园诗草》等。
② 阿堵物：钱的别称。

第15则

少年人须有老成之识见，老成人须有少年之襟怀。

江含徵曰：今之钟鸣漏尽[①]、白发盈头者，若多收几斛[②]麦，便欲置侧室[③]，岂非有少年襟怀耶？独是少年老成者少耳。

张竹坡曰：十七八岁便有妾，亦居然少年老成。

李若金[4]曰：老而腐板，定非豪杰。

王司直[5]曰：如此方不使岁月弄人。

---

① 钟鸣漏尽：晨钟已鸣，夜漏残尽。比喻人已到暮年。

② 斛：量器名。

③ 侧室：指妾。

④ 李若金：李淦（1626—？），字若金、季子，号水樵，著有《砺园集》《燕翼篇》等。

⑤ 王司直：王臬，字司直，清代康熙年间人，善于绘画。

第16则

春者天之本怀[1]，秋者天之别调[2]。

石天外曰：此是透彻性命关头语。

袁中江[3]曰：得春气者人之本怀，得秋气者人之别调。

尤悔庵曰：夏者天之客气[4]，冬者天之素风[5]。

陆云士[6]曰：和神当春，清节为秋，天在人中矣。

---

① 本怀：本意。

② 别调：变调，另一种情调。

③ 袁中江：袁启旭（1662—1722），号中江，著有《中江纪年诗集》。

④ 客气：古代用以说明气候变化的术语，与主气相对。

⑤ 素风：类似主气，表达冬天固有的气候变化的意思。

⑥ 陆云士：陆次云（生卒年不详），字云士，清代文学家，著有《峒溪纤志》

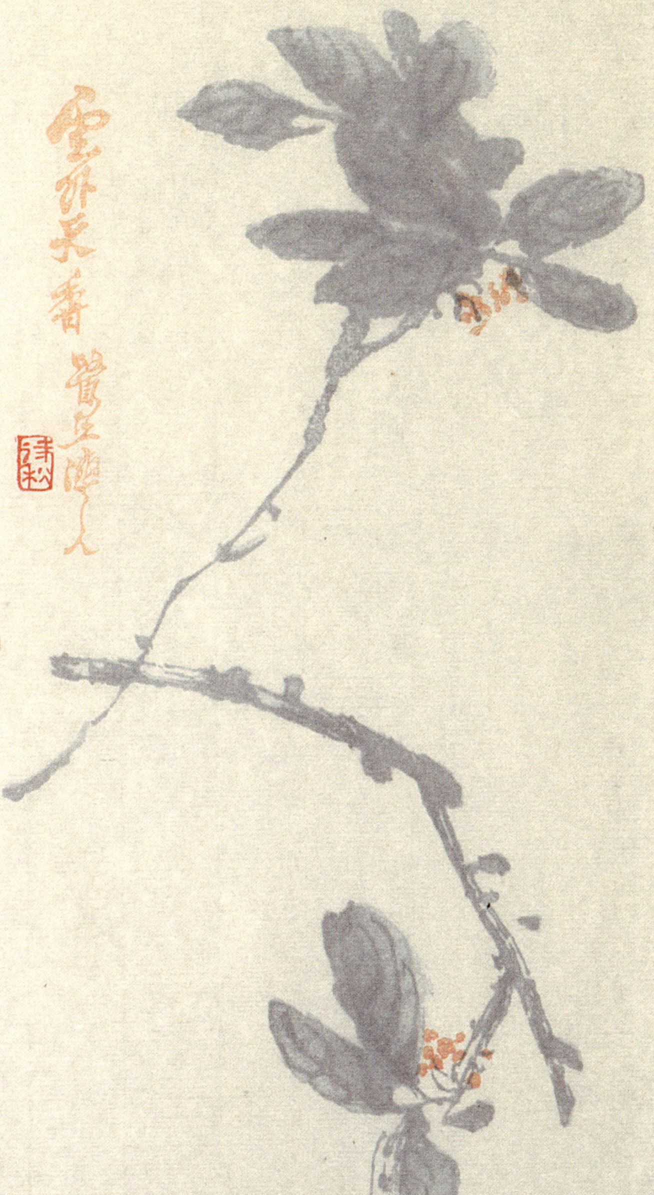
雲外天香

鹧鸪天

暗淡轻黄体性柔，
情疏迹远只香留。
何须浅碧深红色，
自是花中第一流。

梅定妒，
菊应羞，
画栏开处冠中秋。
骚人可煞无情思，
何事当年不见收？

——（宋）李清照

《澄江集》《玉山词》等。

第17则

昔人云：若无花月美人，不愿生此世界。予益一语云[①]：若无翰墨棋酒[②]，不必定作人身。

殷日戒曰：枉为人身生在世界者，急宜猛省。

顾天石曰：海外诸国决无翰墨棋酒，即有，亦不与吾同；一般有人，何也？

胡会来曰：若无豪杰文人，亦不须要此世界。

---

① 予益一语云：指我也要说。益，增加。

② 翰墨棋酒：琴棋书酒。翰墨，指文章和字画。

第18则

愿作木而为樗[①]，不才终其天年。愿在草而为蓍[②]，前知[③]。愿在鸟而为鸥，忘机[④]。愿在兽而为廌[⑤]，触邪。愿在虫而为蝶，花间栩栩。愿在鱼而为鲲[⑥]，逍遥游。

吴菌次[⑦]曰：较之《闲情》一赋所愿，更自不同。

郑破水曰：我愿生生世世为顽石。

尤悔庵曰：第一大愿。又曰：愿在人而为梦。

尤慧珠[⑧]曰：我亦有大愿：愿在梦而为影。

弟木山[⑨]曰：前四愿皆是相反。盖前知则必多才；忘机则不能触邪也。

---

① 樗：音 chū。樗木，喻无用之材。

② 著：蓍草，作占卜之用。

③ 前知：预测，先知。

④ 忘机：没有心机，与世无争。

⑤ 廌：音 zhì，指神兽鹿，只有一角，相传能辨善恶曲直。

⑥ 鲲：音 kūn，指大鱼，形容逍遥自在的状态。

⑦ 吴薗次：吴绮（1619—1694），字薗次，号听翁，清代词人，著有《林蕙堂集》等。

⑧ 尤慧珠：即尤珍。

⑨ 弟木山：疑为张潮之弟张渐。

第19则

黄九烟先生云："古今人必有其偶[①]，千古而无偶者，其惟盘古乎。"予谓盘古亦未尝无偶，但我辈不及见耳。其人为谁？即此劫尽时最后一人是也。

孙松坪曰：如此眼光，何啻出牛背上耶。

洪秋士[②]曰：偶亦不必定是两人，有三人为偶者，有四人为偶者，有五六七八人为偶者。是又不可不知。

---

① 偶：指成双成对，相对应配对的人。

② 洪秋士：洪嘉植（生卒年不详），字去芜，号秋士，清代学者，著有《朱子年谱》等。

第20则

古人以冬为三余[①]，予谓当以夏为三余：晨起者夜之余，夜坐者昼之余，午睡者应酬人事之余。古人诗[②]云："我爱夏日长。"洵[③]不诬[④]也。

张竹坡曰：眼前问冬夏皆有余者，能几人乎？

张迂庵曰：此当是先生辛未年以前语。

---

① 三余：语出《三国志·魏·王肃传》："岁者冬之余，夜者日之余，阴雨者时之余。"泛指空闲余暇的时间。

② 古人诗：指诗句"人皆苦炎热，我爱夏日长"，出自唐文宗李昂和著名书法家柳公权的联句诗。

③ 洵：确实。

④ 诬：虚假。

第21则

庄周梦为蝴蝶，庄周之幸[①]也；蝴蝶梦为庄周，蝴蝶之不幸也。

黄九烟曰：惟庄周乃能梦为蝴蝶，惟蝴蝶乃能梦为庄

周耳。若世之扰扰红尘者，其能有此等梦乎？

孙恺似曰：君于梦之中又占其梦耶？

江含徵曰：周之喜梦为蝴蝶者，以其入花深也。若梦甫酣而乍醒，则又如嗜酒者梦赴席，为妻惊醒，不得不痛加诟谇矣。

张竹坡曰：我何不幸而为蝴蝶之梦者！

---

① 庄周之幸：庄周之所幸，在于从烦恼的人生走向逍遥之境。

第22则

艺花①可以邀蝶，累石②可以邀云，栽松可以邀风，贮水可以邀萍③，筑台可以邀月，种蕉④可以邀雨，植柳可以邀蝉。

倪永清曰：选诗可以邀谤。

曹秋岳曰：藏书可以邀友。

崔莲峰曰：酿酒可以邀我。

尤艮斋曰：安得此贤主人。

尤慧珠曰：贤主人非心斋而谁乎？

庞天池曰：不仁可以邀富。

陆云士曰：积德可以邀天，力耕可以邀地，乃无意相邀而若邀之者，与邀名邀利者迥异。

① 艺花：种植花卉。艺，栽培。

② 累石：用石头搭建成山。

③ 萍：浮萍点点。

④ 蕉：芭蕉。

第23则

景有言之极幽而实[1]萧索者，烟雨也；境有言之极雅而实难堪[2]者，贫病也；声有言之极韵而实粗鄙者，卖花声也。

谢海翁[3]曰：物有言之极俗而实可爱者，阿堵物也。

张竹坡曰：我幸得极雅之境。

① 实：实则。

② 难堪：难以忍受。

③ 谢海翁：谢开宠（生卒年不详），字晋侯，号海翁，著有《两淮盐法志》等。

第24则

才子而富贵，定从福慧[1]双修得来。

冒青若曰：才子、富贵难兼。若能运用富贵，才是才子、才是福慧双修。世岂无才子而富贵者乎？徒自贪着，无济于人，仍是有福无慧。

陈鹤山[2]曰：释氏云："修福不修慧，象身挂璎珞。修慧不修福，罗汉供应薄。"正以其难兼耳。山翁发为此论，直是夫子自道。

江含徵曰：宁可拼有一副菜园肚皮，不可有一副酒肉面孔。

---

① 福慧：福德与智慧。

② 陈鹤山：陈翼（生卒年不详），字鹤山，著有《草堂集》。

第25则

新月[1]恨其易沉[2]，缺月[3]恨其迟上[4]。

孔东塘[5]曰：我唯以月之迟早为睡之迟早耳。

孙松坪曰：第[6]勿使浮云点缀，尘滓[7]太清[8]，足矣。

冒青若曰：天道忌盈，沉与迟请君勿恨。

张竹坡曰：易沉，迟上，可以卜君子之进退。

---

① 新月：指上弦月。

② 沉：沉落。

③ 缺月：指下弦月。

④ 迟上：迟迟出现。

⑤ 孔东塘：孔尚任（1648—1718），号东塘，清初著名戏曲作家，著有《桃花扇》，与洪昇并称为"南洪北孔"。

⑥ 第：只要。

⑦ 尘滓：污染。

⑧ 太清：指天空。

第26则

躬耕[①]吾所不能，学灌园[②]而已矣；樵薪[③]吾所不能，学薙草[④]而已矣。

汪扶晨[⑤]曰：不为老农而为老圃，可云半个樊迟[⑥]。

释菌人[⑦]曰：以灌园、薙草自任，自待可谓不薄，然笔端隐隐有“非其种者锄而去之”之意。

王司直曰：予自名为识字农夫，得毋妄甚？

---

① 躬耕：亲自耕种。

② 灌园：浇灌园圃。

③ 樵薪：砍柴。

④ 薙草：除杂草。薙，音 tì 。

⑤ 汪扶晨：汪士铉（生卒年不详），字扶晨，著有《长安宫殿考》《金秦艺文志》《栗亭诗集》等。

⑥ 樊迟：樊须（前 515—？），字子迟，孔子的学生。

⑦ 释菌人：海岳（生卒年不详），字菌人，清代僧人，著有《绿萝庵诗集》《万山拜下堂稿》等。

第27则

一恨书囊易蛀，二恨夏夜有蚊，三恨月台[①]易漏，四恨菊叶多焦，五恨松多大蚁，六恨竹多落叶，七恨桂荷[②]易谢，八恨薜萝[③]藏虺[④]，九恨架花[⑤]生刺，十恨河豚有毒。

江菂[⑥]庵曰：黄山松并无大蚁，可以不恨。

张竹坡曰：安得诸恨物尽有黄山乎！

石天外曰：予另有二恨：一曰才人无行，二曰佳人薄命。

---

① 月台：赏月平台。

② 桂荷：桂花和荷花。

③ 薜萝：指薜荔和女萝，属爬蔓植物，常攀缘于山野林木或屋壁。

④ 虺：音 huǐ，指毒蛇。

⑤ 架花：指需要架子支撑的花，如蔷薇等。

⑥ 菂：音 dì，古代指莲子。

第28则

楼上看山，城头看雪，灯前看月，舟中看霞，月下看美人，另是一番情境。

毕右万[①]曰：予每于雨后看柳，觉尘襟俱涤。

江允凝[②]曰：黄山看云，更佳。

倪永清曰：做官时看进士，分金处看文人。

尤谨庸曰：山上看雪，雪中看花，花下看美人，亦可。

---

① 毕右万：毕三复（生卒年不详），字右万，清初诗人，著有《枞亭近稿》。

② 江允凝：江注（1626–1685后），字允凝，明末著名画家，著有《枞序近稿》。

第29则

山之光，水之声，月之色，花之香，文人之韵致，美人之姿态，皆无可名状，无可执着，真足以摄召魂梦[①]，颠倒情思。

吴街南[②]曰：以极有韵致之文人，与极有姿态之美人共坐于山水花月间，不知此时魂梦何如，情思何如？

---

① 摄召魂梦：指使人魂牵梦绕之意。

② 吴街南：吴肃公（1626—1699），字雨若，号晴岩，别号街南，明末诗人，撰有《诗问》《读礼问》《明语林》等。

第30则

假使梦能自主，虽千里无难命驾[①]，可不羡长房[②]之缩地[③]；死者可以晤对[④]，可不需少君[⑤]之招魂；五岳可以卧游，可不俟[⑥]婚嫁之尽毕。

黄九烟曰：予尝谓鬼有时胜于人，正以其能自主耳。

江含徵曰：吾恐“上穷碧落下黄泉，两地茫茫皆不见”也。

张竹坡曰：梦魂能自主，则可一生死，通人鬼，真见道之言矣。

---

① 命驾：命令御者驾驶马车，指乘车出发。

② 长房：费长房，是东汉有名的术士。

③ 缩地：指缩地之术，是传说中的神仙之术，能使人瞬间到达千里之外。

④ 晤对：会晤，交谈。

⑤ 少君：汉武帝时期的方士。

⑥ 俟：等待。

第31则

昭君以和亲而显[①]，刘蕡[②]以下第[③]而传[④]，可谓之不幸，不可谓之缺陷。

江含徵曰：若故折黄雀腿而后医之，亦不可。

尤悔庵曰：不然，一老宫人，一低进士耳。

---

① 显：显扬，扬芳名。

② 刘蕡：唐代幽州昌平人，因应试时敢于直言直谏，考官不敢录，虽科举不中却名声远扬。

③ 下第：即落第，与及第相反，指没有考取到功名。

④ 传：传颂。

第32则

以爱花之心爱美人，则领略自饶别趣；以爱美人之心爱花，则护惜倍有深情。

冒辟疆①曰：能如此，方是真领略、真护惜也。

张竹坡曰：花与美人何幸遇此东君②。

---

① 冒辟疆：冒襄（1611–1693），字辟疆，号巢民，明末清初文学家，著有《巢民诗集》《巢民文集》《影梅庵忆语》等。

② 东君：这里意同东家、主人。

第33则

美人之胜于花者，解语①也；花之胜于美人者，生香②也。二者不可得兼，舍生香而取解语者也。

王勿翦③曰：飞燕④吹气若兰，合德⑤体自生香，薛瑶英⑥肌肉皆香，则美人又何尝不生香也？

---

① 解语：善解人意。语出《开元天宝遗事》：“太液池千叶莲开，明皇与妃子共赏，谓左右曰：‘何如此解语花耶？’”

② 生香：散发香气。

③ 王勿翦：王棠（生卒年不详），字勿翦，著有《燕在阁文集》《燕在阁知新录》等。

④ 飞燕：赵宜主（前45—前1），号飞燕，汉成帝刘骜皇后。

⑤ 合德：赵合德（？—前7年），汉成帝刘骜宠妃，赵飞燕之妹。

⑥ 薛瑶英：唐代宰相元载的宠妾。

第34则

窗内人于纸窗上作字，吾于窗外观之，极佳。

江含徵曰：若索债人于窗外纸上画，吾且[1]望之却[2]走矣。

① 且：将要。

② 却：退避。

第35则

少年读书如隙中窥月，中年读书如庭中望月，老年读书如台上玩月。皆以阅历之浅深为所得之浅深耳。

黄交三曰：真能知读书痛痒者也。

毕右万曰：吾以为学道亦有浅深之别。

张竹坡曰：吾叔此论，直置身广寒宫里，下视大千世界，皆清光似水矣。

第36则

吾欲致书[①]雨师[②]：春雨宜始于上元节[③]后，观灯已毕。至清明十日前之内，雨止桃开，及谷雨节中。夏雨宜于每月上弦之前，及下弦之后，免碍于月。秋雨宜于孟秋、季秋[④]之上下二旬，八月为玩月胜境。至若三冬[⑤]，正可不必雨也。

孔东塘曰：君若果有此牍，吾愿作致书邮[⑥]也。

张竹坡曰：此书独不可致于巫山雨师。

余生生[⑦]曰：使天而雨粟，虽自元旦雨至除夕，亦未为不可。

---

① 致书：写信，寄信。

② 雨师：雨神。

③ 上元节：农历正月十五。

④ 孟秋、季秋：农历秋季分为三个月，即孟秋、仲秋和季秋。

⑤ 三冬：农历冬季的三个月。

⑥ 致书邮：送信的邮差。

⑦ 余生生：余淼（1607—1685），字生生，明代文学家，著有《增益轩诗草》等。

第37则

为浊富[①]不若为清贫，以忧生[②]不若以乐死[③]。

李圣许曰：顺理而生，虽忧不忧；逆理而死，虽乐不乐。

吴野人[④]曰：我宁愿为浊富。

张竹坡曰：我愿太奢，欲为清富。焉能遂愿！

---

① 浊富：不义。

② 忧生：烦恼、忧愁地活着。

③ 乐死：痛快地死去。

④ 吴野人：吴嘉纪（1618—1684），号野人，以“盐场今乐府”诗闻名于世，明末诗人，著有《陋轩集》。

第38则

天下唯鬼最富，生前囊无一文，死后每饶楮镪[①]；天下唯鬼最尊，生前或受欺凌，死后必多跪拜。

吴野人曰：世于贫士辄目为穷鬼，则又何也？

陈康畴[②]曰：穷鬼若死，即并称尊矣。

---

① 每饶楮镪：不断地燃烧纸钱。楮，音 chǔ，指纸。镪，音 qiǎng，表示成串的钱。

② 陈康畴：陈均（生卒年不详），字康畴，著有《画眉笔谈》。

第39则

蝶为才子之化身，花乃美人之别号。

张竹坡曰："蝶入花房香满衣"，是反以金屋贮才子矣。

第40则

因雪想高士，因花想美人，因酒想侠客，因月想好友，因山水想得意诗文。

李季子[①]曰：此善于设想者。

张竹坡曰：多情语，令人泣下。

弟木山曰：余每见人一长一技，即思效之；虽至琐屑，亦不厌也。大约是爱博而情不专。

尤谨庸曰：因得意诗文想心斋矣。

陆云士曰：临川[②]谓"想内成，因中见"，与此相发。

---

① 李季子：即李淦。

② 临川：指汤显祖，因其祖籍为江西临川。汤显祖（1550—1616），字若士，明代戏曲家，著有戏剧作品《紫钗记》《还魂记》《南柯记》《邯郸记》《牡丹亭》，撰别集《玉茗堂全集》，并有诗赋集《红泉逸草》《问棘邮草》等。

第41则

闻鹅声如在白门①，闻橹声如在三吴②，闻滩声③如在浙江④，闻羸马⑤项下铃铎⑥声，如在长安⑦道上。

聂晋人⑧曰：南无观世音菩萨摩诃萨。

倪永清曰：众音寂灭时，又作么生⑨话会？

---

① 白门：南朝宋时都城建康，其西门按五行属金，金气白，故称白门。后遂称金陵（今南京市）为白门。

② 三吴：古代地名，泛指江浙一带。

③ 滩声：指水中石头多、水流急的水道流水所发出的声音。

④ 浙江：即今钱塘江。

⑤ 羸马：瘦马。

⑥ 铃铎：乐器名，用金、铜、铁等金属所制造而成，这里指挂于牲畜颈间的铃铛。

⑦ 长安：即今西安。

⑧ 聂晋人：聂先（生卒年不详），字晋人，清代词人，编撰有《百家名词钞总目》。

⑨ 么生：指“什么”的意思。

第42则

一岁诸节，以上元为第一，中秋次之，五日①、九日②又次之。

张竹坡曰：一岁当以我畅意日为佳节。

顾天石曰：跻上元于中秋之上，未免尚耽[3]绮习[4]。

① 五日：指农历五月五日，即端阳节。
② 九日：指农历九月九日，即重阳节。
③ 耽：沉迷于。
④ 绮习：浮华艳丽的热闹市俗风气。

第43则

雨之为物，能令昼短，能令夜长。

张竹坡曰：雨之为物，能令天闭眼，能为地生毛，能为水国广封疆。

第44则

古之不传于今者，啸[1]也，剑术也，弹棋[2]也，打毬[3]也。

黄九烟曰：古之绝胜于今者，官妓、女道士也。

张竹坡曰：今之绝胜于古者，能吏也，猾棍也，无耻也。

庞天池曰：今之必不能传于后者，八股也。

① 啸：音 xiào，口哨，运用气流在舌端发出声响。魏晋时期名士间流行的一种抒发情感的发声方式。
② 弹棋：古代的一种赌博游戏。弹，音 tán。

③ 打毬：指古代的运动游戏蹴鞠或打马毬。

第45则

诗僧时复有之，若道士能诗者，不啻[1]空谷足音[2]，何也？

尤谨庸曰：僧家势利第一，能诗次之。

倪永清曰：我所恨者，辟谷之法不传。

毕右万曰：僧道能诗，亦非难事，但惜僧道不知禅玄耳。

顾天石曰：道于三教中原属第三，应是根器[3]最钝人做，那得会诗？轩辕弥明[4]，昌黎[5]寓言耳。

---

① 不啻：无异于。啻，音 chì。

② 空谷足音：表达少之又少的意思。

③ 根器：佛教语。指人的禀赋，先天具有接受佛教之可能性。

④ 轩辕弥明：唐代衡山道士，善诗，《石鼎联句诗序》里记述了他的事迹。

⑤ 昌黎：韩愈（768—824），因其郡望昌黎，世称韩昌黎，唐代文学家，著有《韩昌黎集》四十卷、《外集》十卷等。

第46则

当为花中之萱草[1]，毋[2]为鸟中之杜鹃[3]。

袁翔甫补评曰：萱草忘忧，杜鹃啼血。悲欢哀乐，何去何从？

---

① 萱草：忘忧草。

② 毋：勿，不要。

③ 杜鹃：杜鹃因叫声悲鸣，而被看作是忧愁的鸟。

第47则

物之稚者皆不可厌，惟驴独否。

黄略似[①]曰：物之老者皆可厌，惟松与梅则否。

倪永清曰：惟癖于驴者则不厌之。

---

① 黄略似：即黄周星。

第48则

女子自十四五岁至二十四五岁，此十年中，无论燕秦吴越[①]，其音大都娇媚动人；一睹其貌，则美恶判然矣。“耳闻不如目见”，于此益信。

吴听翁[②]曰：我向以耳根之有余，补目力之不足。今读此，乃知卿言亦复佳也。

江含徵曰："帘为妓衣"[③]，亦殊有见。

倪永清曰：若逢美貌而恶声者，又当何如？

张竹坡曰：家有少年丑婢者，当令隔屏私语，灭烛侍寝，何如？

---

① 燕秦吴越：泛指东西南北各地。

② 吴听翁：即吴绮。

③ 帘为妓衣：梁朝夏侯亶爱好音乐，有妓妾十多人，并不讲究打扮，每次奏乐，都隔着帘子，故人们将帘子称为夏侯妓衣。

第49则

寻乐境[①]乃学仙，避苦趣[②]乃学佛，佛家所谓极乐世界者，盖谓众苦之所不到也。

江含徵曰：着败絮行荆棘中，固是苦事，彼披忍辱铠[③]者，亦未得优游自到也。

陆云士曰：空诸所有，受即是空，其为苦乐，不足言矣。故学佛优于学仙。

---

① 乐境：快乐境界。

② 苦趣：痛苦逼近。趣，音 qū，同"趋"。

③ 忍辱铠：佛教语。袈裟的别称。

第50则

富贵而劳悴[1]，不若安闲之贫贱；贫贱而骄傲，不若谦恭之富贵。

曹实庵[2]曰：富贵而又安闲，自能谦恭也。

许师六[3]曰：富贵而又谦恭，乃能安闲耳。

张竹坡曰：谦恭安闲，乃能长富贵也。

张迂庵曰：安闲乃能骄傲，劳悴则必谦恭。

---

① 劳悴：辛苦劳累。

② 曹实庵：曹贞吉（1634—1698），号实庵，著名诗词家，著有《珂雪集》《朝天集》《珂雪词》等。

③ 许师六：许承家（生卒年不详），字师六，号来庵，清代诗人，著有《猎微阁诗集》。

第51则

目不能自见，鼻不能自嗅，舌不能自舐，手不能自握，惟耳能自闻其声。

弟木山曰：岂不闻"心不在焉，听而不闻"乎？兄其诳我哉！

张竹坡曰：心能自信。

释师昂曰：古德[1]云：眉与目不相识，只为太近。

① 古德：指历史上德高望重的僧人。

第52则

凡声[①]皆宜远听，惟听琴则远近皆宜。

王名友曰：松涛声、瀑布声、箫笛声、潮声、读书声、钟声、梵声，皆宜远听；惟琴声、度曲声[②]、雪声，非至近不能得其离合抑扬之妙。

庞天池曰：凡色皆宜近看，惟山色远近皆宜。

① 凡声：一切的声音。

② 度曲声：唱曲声，尤指唱昆曲。

第53则

目不能识字，其闷[①]尤过于盲；手不能执管[②]，其苦更甚于哑。

陈鹤山曰：君独未知今之不识字、不握管者，其乐尤过于不盲不哑者也。

① 闷：愁闷。

② 执管：手拿毛笔，指写文字。

第54则

并头联句①，交颈②论文③，宫中应制④，历使属国⑤，皆极人间乐事。

狄立人⑥曰：既已并头交颈，即欲联句论文，恐亦有所不暇。

汪舟次⑦曰：历使属国，殊不易易。

孙松坪曰：邯郸旧梦，对此惘然。

张竹坡曰：并头交颈，乐事也，联句论文，亦乐事也，是以两乐并为一乐者，则当以两夜并一夜方妙；然其乐一刻胜于一日矣。

沈契掌曰：恐天亦见妒。

---

① 联句：古代一种作诗方式，若干人赋诗各一句或几句，联成一篇。

② 交颈：表示男女亲密。

③ 论文：谈论文章、诗文。

④ 宫中应制：应皇帝之命，按要求作诗。

⑤ 历使属国：出使到附属国。

⑥ 狄立人：狄亿（生卒年不详），字立人，著有《洮湖渔子集》《菊社约》。

⑦ 汪舟次：汪楫（1636—1699，一说 1626—1689），字舟次，清代诗人，著有《悔斋集》《山闻诗》《京华诗》《观海集》《使琉球杂录》等。

第55则

《水浒传》武松诘[①]蒋门神云："为何不姓李？"此语殊妙。盖姓实有佳有劣：如华，如柳，如云，如苏，如乔，皆极风韵；若夫毛也，赖也，焦也，牛也，则皆尘[②]于目而棘[③]于耳也。

先渭求[④]曰：然则君为何不姓李耶？

张竹坡曰：止闻今张昔李，不闻今李昔张也。

---

① 诘：质问。

② 尘：灰尘，这里意为遮蔽。

③ 棘：荆棘，这里意为堵塞。

④ 先渭求：先著（生卒年不详），字渭求，清代画家。

第56则

花之宜于目而复宜于鼻者，梅也，菊也，兰也，水仙也，珠兰[①]也，莲也；止宜于鼻者，橼[②]也，桂也，瑞香也，栀子也，茉莉也，木香[③]也，玫瑰也，腊梅也；余[④]则皆宜于目者也。花与叶俱可观者，秋海棠为最，荷次之，海棠、酴醾[⑤]、虞美人[⑥]、水仙又次之；叶胜于花者，止雁来红[⑦]、美人蕉而已；花与叶俱不足观者，紫薇也，辛夷[⑧]也。

周星远曰：山老可当花阵一面。

张竹坡曰：以一叶而能胜诸花者，此君[9]也。

---

①珠兰：金粟花的别称。清香似兰，花圆如珠，而得名。

②橼：音 yuán，指香橼，又名枸橼。

③木香：本名蜜香，又称青木香。

④余：其余。

⑤酴醾：音 tú mí，即荼蘼，蔷薇科植物。

⑥虞美人：也称丽春花、锦被花，罂粟科植物。

⑦雁来红：别名老来少、老少年，是优良的观叶植物。

⑧辛夷：木兰花的花蕾。

⑨此君：指竹子，竹子有君子的美号。

第57则

高语[1]山林者，辄不喜谈市朝事。审若此[2]，则当废《史》《汉》诸书而不读矣；盖诸书所载者，皆古之市朝[3]也。

张竹坡曰：高语者必是虚声处士，真入山者，方能经纶市朝。

---

①高语：高谈阔论的人。

②审若此：果真这样的话。

③市朝：市，指市井。朝，指朝廷官府。

第58则

云之为物，或崔巍如山，或潋滟如水；或如人，或如兽；或如鸟毳[①]，或如鱼鳞。故天下万物皆可画，惟云不能画。世所画云，亦强名[②]耳。

何蔚宗曰：天下百官皆可做，惟教官不可做；做教官者皆谪戍耳。

张竹坡曰：云有反面正面，有阴阳向背，有层次内外，细观其与日相映，则知其明处乃一面，暗处又一面。尝谓古今无一画云手，不谓《幽梦影》中先得我心。

---

① 毳：音 cuì，鸟身上的细羽毛。
② 强名：勉强叫作。

第59则

值[①]太平世，生湖山郡；官[②]长廉静，家道优裕；娶妇贤淑，生子聪慧。人生如此，可云[③]全福。

许篠林[④]曰：若以粗笨愚蠢之人当之，则负却造物。

江含徵曰：此是黑面老子[⑤]，要思量做鬼处。

吴岱观[⑥]曰：过屠门而大嚼，虽不得肉，亦且快意。

李荔园曰：贤淑聪慧，尤贵永年，否则福不全。

① 值：正值、正处于。
② 官：指官府、官员。
③ 云：算是。
④ 许篠林：许楚（1605—1676），号篠林，清初诗人，著有《青岩集》，辑有《画偈》。
⑤ 黑面老子：或指修行中气色不佳的僧人。
⑥ 吴岱观：吴山涛（1624—1710），字岱观，清初书画家，著有《塞翁集》。

第60则

天下器玩之类，其制日工[①]，其价日贱，毋惑乎民之贫也。

张竹坡曰：由于民贫，故益工而益贱；若不贫，如何肯贱？

① 工：精致。

第61则

养花胆瓶[①]，其式之高低大小须与花相称，而色之浅深浓淡又须与花相反。

程穆倩[②]曰：足补袁中郎[③]《瓶史》所未逮。

张竹坡曰：夫如此，有不甘去南枝而生香于几案之右者乎？名花心足矣。

王宓草[④]曰：须知相反者，正欲其相称也。

---

① 胆瓶：指长颈大腹的花瓶。

② 程穆倩：程邃（1605—1691），字穆倩，明末清初诗人、篆刻家、书画家，著有《会心吟》《萧然吟》等。

③ 袁中郎：袁宏道（1568—1610），字中郎，明代文学家，“公安派”的代表人物，著有《袁中郎全集》《徐文长传》等。

④ 王宓草：王蓍（1649—1737），字宓草，清代画家，工诗歌、善书画。

第62则

春雨如恩诏[①]，夏雨如赦书[②]，秋雨如挽歌[③]。

张谐石[④]曰：我辈居恒苦饥，但愿“夏雨如馒头”耳。

张竹坡曰：赦书太多，亦不甚妙。

---

① 恩诏：指降恩于民的诏书。

② 赦书：指宽免刑罚的赦书。

③ 挽歌：指哀挽逝者的挽歌。

④ 张谐石：张韵，字谐石，清代诗人，工诗、善书画，著有《城东草堂集》。

第63则

十岁为神童，二十、三十为才子，四十、五十为名臣，六十为神仙①，可谓全人②矣。

江含徵曰：此却不可知，盖神童原有仙骨故也。只恐中间做名臣时，堕落名利场中耳。

张竹坡曰：神童、才子由于己，可能也；臣由于君，仙由于天，不可必③也。

杨圣藻④曰：人孰不想？难得有此全福。

顾天石曰：六十神仙，似乎太早。

---

① 神仙：指过像神仙般无忧无虑的生活。

② 全人：十全十美的人生。

③ 必：一定。

④ 杨圣藻：杨衡选（生卒年不详），字圣藻，清代文学家，著有《报看文集》，《虞初新志》卷七录其所作《记盗》。

第64则

武人不苟战①，是为武中之文；文人不迂腐，是为文中之武。

梅定九②曰：近日文人不迂腐者颇多，心斋亦其一也。

顾天石曰：然则心斋直谓之武夫，可乎？笑笑！

王司直曰：是真文人，必不迂腐。

---

① 不苟战：不轻意征战。

② 梅定九：梅文鼎（1633-1721），字定九，清初著名天文家、数学家，著有《明史历志拟稿》《历学疑问》《古今历法通考》等。

第65则

文人讲武事，大都纸上谈兵；武将论文章，半属道听途说。

吴街南曰：今之武将讲武事，亦属纸上谈兵；今之文人论文章，大都道听途说。

第66则

斗方[①]止三种可存：佳诗文，一也；新[②]题目，二也；精款式，三也。

闵宾连[③]曰：近年斗方名士甚多，不知能入吾心斋彀中[④]否也。

---

① 斗方：指书画所用的一尺见方的单幅笺。此指应景的诗文作品。

② 新：新奇的。

③ 闵宾连：闵麟嗣（1628—1704），字宾连，清初学者、旅行家，著有《黄

山志》《黄山松石谱》《植学草堂诗存》等。

④ 彀中：指弓箭所射及的范围，此处借指范围。彀，音 gòu。

第67则

情必近于痴而始真[①]，才必兼乎趣而始化[②]。

陆云士曰：真情种，真才子，能为此言。

顾天石曰：才兼乎趣，非心斋不足当之。

尤慧珠曰：余情而痴则有之，才而趣则未能也。

① 真：指至情至性的境界。

② 化：指出神入化，到达精妙的境界。

第68则

凡花，色之娇媚者多不甚香，瓣之千层者多不结实[①]。甚矣，全才之难也！兼之者，其惟莲乎！

殷日戒曰：花叶根实无所不空，亦无不适于用，莲则全有其德者也。

贯玉曰：莲花易谢，所谓有全才而无全福也。

王丹麓[②]曰：我欲荔枝有好花，牡丹有佳实，方妙。

尤谨庸曰：全才必为人所忌，莲花故名君子。

① 结实：结出果实。
② 王丹麓：即王晫。

第69则

著得一部新书，便是千秋大业；注[①]得一部古书，允为[②]万世宏功。

黄交三曰：世间难事，注书第一；大要于极寻常书，要看出作者苦心。

张竹坡曰：注书无难，天使人得安居无累，有可以注书之时与地为难耳。

① 注：注解。
② 允为：确实称得上。

第70则

延[①]名师训[②]子弟，入名山习举业[③]，丐[④]名士代捉刀[⑤]，三者都无是处。

陈康畴曰：大抵名而已矣，好歹原未必着意。

殷日戒曰：况今之所谓名乎？

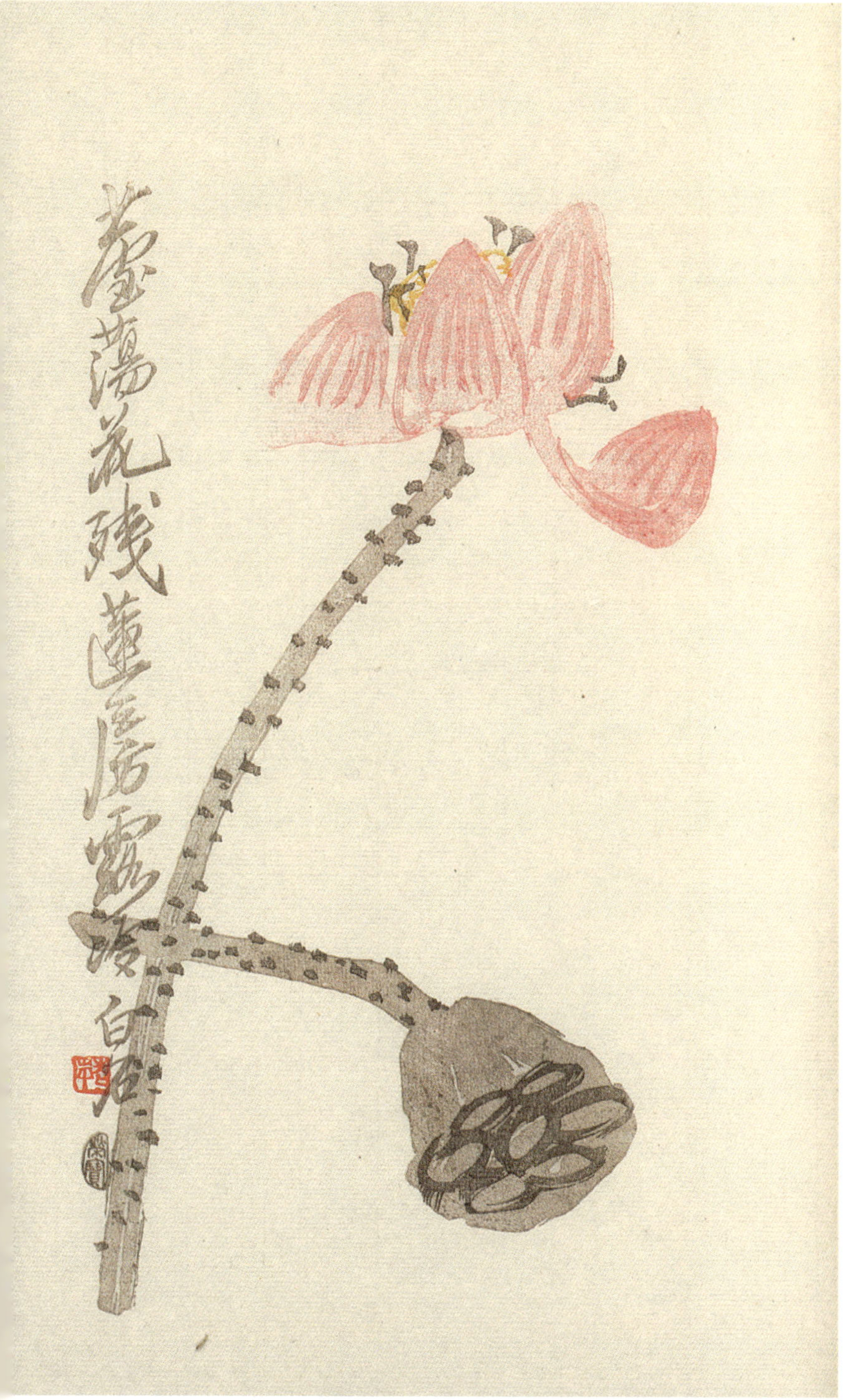

宿骆氏亭寄怀崔雍崔衮

竹坞无尘水槛清，
相思迢递隔重城。
秋阴不散霜飞晚，
留得枯荷听雨声。

——（唐）李商隐

① 延：邀请。

② 训：教导。

③ 习举业：为科举考试而准备的学业。

④ 丐：请求。

⑤ 代捉刀：代写文章。

第71则

积划[①]以成字，积字以成句，积句以成篇，谓之文。文体日增，至八股[②]而遂止。如古文，如诗，如赋，如词，如曲，如说部，如传奇小说，皆自无而有。方其未有之时，固不料后来之有此一体也；逮[③]既有此一体之后，又若天造地设、为世所应有之物。然自明[④]以来，未见有创一体裁、新人耳目者。遥计[⑤]百年之后，必有其人，惜乎不及见耳。

陈康畴曰：天下事从意起，山来今日既作此想，安知其来生不即为此辈翻新之士乎？惜乎今人不及知耳。

孙恺似曰：读心斋别集，拈四子书题，以五七言韵体行之，无不入妙，叹其独绝。此则直可当先生自序也。

陈鹤山曰：此是先生应以创体身得度者，即现创体身而为设法。

张竹坡曰：见及于此，是必能创之者，吾拭目以待新裁。

① 划：笔画。
② 八股：八股文。
③ 逮：等到。
④ 明：明代。
⑤ 遥计：遥想。

第72则

云映日而成霞，泉挂岩而成瀑。所托者异，而名亦因之[①]。此友道[②]之所以可贵也。

张竹坡曰：非日而云不映，非岩而泉不挂，此友道之所以当择也。

① 所托者异，而名亦因之：所依托的东西不同，它的名称也因此而不一样。
② 友道：交友之道。

第73则

大家之文，吾爱之慕之，吾愿学之；名家之文，吾爱之慕之，吾不敢学之。学大家而不得，所谓“刻鹄[①]不成尚类鹜[②]”也；学名家而不得，则是“画虎不成反类狗”矣。

黄旧樵[③]曰：我则异于是，最恶世之貌为大家者。

张竹坡曰：今人读得一两句名家，便自称大家矣。

殷日戒曰：彼不曾闯其藩篱，乌能[4]窥其阃奥[5]？只说得隔壁话耳。

---

①鹄：音hú，即天鹅。

②鹜：音wù，即鸭子。

③黄旧樵：即黄云。

④乌能：哪能。

⑤阃奥：原指内室，这里比喻事物的精妙之处。阃，音kǔn，门槛。

第74则

由戒得定，由定得慧[1]，勉强[2]渐近自然；炼精化气，炼气化神[3]，清虚[4]有何渣滓[5]？

尤悔庵曰：极平常语，然道在是矣。

袁中江曰：此二氏之学也，吾儒何独不然？

陆云士曰：《楞严经》《参同契》精义，尽涵在内。

---

①由戒得定，由定得慧：佛教修持用语。戒，遵守戒律。定，停息妄心。慧，清静智慧。

②勉强：努力。

③炼精化气，炼气化神：道教修炼术语。

④清虚：指澄明的心体，清净虚无。

⑤渣滓：音zhā zǐ，指物品提出精华后剩下的东西。

第75则

南北东西，一定之位[①]也；前后左右，无定之位[②]也。

张竹坡曰：闻天地昼夜旋转，则此东西南北亦无定之位也。或者天地外贮此天地者，当有一定耳。

① 一定之位：指固定不变的方位。

② 无定之位：指不确定的方位。

第76则

予尝谓二氏不可废，非袭夫大养济院[①]之陈言也。盖名山胜境，我辈每思褰裳[②]就之；使[③]非琳宫[④]梵刹[⑤]，则倦时无可驻足，饥时谁与授餐？忽有疾风暴雨，五大夫[⑥]果真足恃乎？又或邱壑深邃，非一日可了，岂能露宿以待明日乎？虎豹蛇虺，能保其不为人患乎？又或为士大夫所有，果能不问主人，任我之登陟[⑦]凭吊而莫之禁乎？不特此也，甲之所有，乙思起而夺之，是启争端也；祖父之所创建，子孙贫，力不能修葺，其倾颓之状，反足令山川减色矣。然此特就名山胜境言之耳，即城市之内，与夫四达之衢[⑧]，亦不可少此一种。客游可作居停，一也；长途可以稍憩，二也；夏之茗，冬之姜汤，复可以济[⑨]役夫负戴[⑩]之困，三也。凡此皆就事理言之，非二氏福报之说也。

释中洲曰：此论一出，量无悭[11]檀越[12]矣。

张竹坡曰：如此处置此辈甚妥，但不得令其于人家丧事诵经，吉事拜忏，装金为像，铸铜作身，房如宫殿，器御钟鼓，动说因果，虽饮酒食肉、娶妻生子，总无不可。

石天外曰：天地生气，大抵五十年一聚。生气一聚，必有刀兵、饥馑、瘟疫，以收其生气。此古今一治一乱必然之数也。自佛入中国，用剃度出家法绝其后嗣，天地盖欲以佛节古今之生气也。所以唐、宋、元、明以来，剃度者多，而刀兵劫数稍减于春秋、战国、秦、汉诸时也。然则佛氏且未必无功于天地，宁特[13]人类已哉！

顾天石曰：所以名家画山水，不离梵宇琳宫。

---

① 养济院：古时收养贫民之所。

② 褰裳：这里指轻装的意思。褰，音 qiān。

③ 使：假使。

④ 琳宫：道观的美称，神仙所居之处。

⑤ 梵刹：寺庙，僧徒所居之处。梵，音 fàn。

⑥ 五大夫：官名，这里代指松树。

⑦ 陟：音 zhì，登高。

⑧ 四达之衢：指四通八达的大路。

⑨ 济：帮助、救济。

⑩ 负戴：泛指劳役。

⑪ 悭：音 qiān，书面语，小气、吝啬的意思。

⑫ 檀越：佛教语。指施主，即施与僧众衣食，或出资举行法会等之信众。

⑬ 宁特：岂止。

第77则

虽不善书而笔砚不可不精，虽不业医[①]而验方[②]不可不存，虽不工弈[③]而楸枰[④]不可不备。

江含徵曰：虽不善饮而良酝不可不藏，此坡仙[⑤]之所以为坡仙也。

顾天石曰：虽不好色而美女、妖童不可不蓄。

毕右万曰：虽不习武而弓矢不可不张。

---

① 业医：行医以医治病人。

② 验方：经过使用后被证明有疗效的处方。

③ 工弈：指棋艺好。

④ 楸枰：指用楸木所做的棋盘。

⑤ 坡仙：指苏东坡。

第78则

方外[①]不必戒酒，但须戒俗；红裙[②]不必通文，但须得趣。

朱其恭[③]曰：以不戒酒之方外，遇不通文之红裙，必有可观。

陈定九[④]曰：我不善饮，而方外不饮酒者誓不与之语；红裙若不识趣，亦不乐与近。

释浮村曰：得居士此论，我辈可放心豪饮矣。

弟东囿曰：方外并戒了化缘，方妙。

---

①方外：指出家人。

②红裙：指女子。

③朱其恭：即朱慎。

④陈定九：陈鼎（1650—？），字定九，清代史学家，著有《黄山史概》《竹谱》《荔枝谱》等。

第79则

梅边之石宜古[①]，松下之石宜拙[②]，竹傍之石宜瘦[③]，盆内之石宜巧[④]。

周星远曰：论石至此，直可作九品中正。

释中洲曰：位置相当，足见胸次。

---

①古：古朴。

②拙：粗拙，朴素。

③瘦：纤细。

④巧：精巧，小巧玲珑。

第80则

律己宜带秋气，处世宜带春气。

尤悔庵曰：皮里春秋[①]。

孙松坪曰：君子所以有矜[②]群而无争党也。

胡静夫[③]曰：合夷[④]、惠[⑤]为一人，吾愿亲炙[⑥]之。

---

①皮里春秋：指藏在心里不说出来的观点。同“皮里阳秋”。

②矜：矜持，自重。

③胡静夫：胡其毅（生卒年不详），字致果，号静夫，一说改名澄，字静夫，清代诗人，著有《静拙斋诗稿》。

④夷：伯夷（生卒年不详），本名墨胎允，商代著名隐士，是殷商时期契的后代。

⑤惠：柳下惠（前720—前621），谥号“惠”，春秋时期著名的贤人，是鲁孝公的儿子公子展的后裔。

⑥亲炙：直接得到亲身教诲。

第81则

厌催租之败意，亟宜早早完粮[①]；喜老衲之谈禅，难免常常布施[②]。

释中洲曰：居士辈之实情，吾僧家之私冀，直被一笔写出矣。

瞎尊者[③]曰：我不会谈禅，亦不敢妄求布施，惟闲写青山卖[④]耳。

---

①完粮：交纳公（租）粮。

②布施：捐献财物。

③ 瞎尊者：石涛（1642—约 1718），清代画家，明亡后出家为僧，法名通济，又作原济，亦作元济，又号苦瓜和尚、大涤子、瞎尊者等，著有《苦瓜和尚画语录》。

④ 闲写青山卖：指卖画，出自明代唐伯虎《言志》："不炼金丹不坐禅，不为商贾不耕田。闲来写就青山卖，不使人间造孽钱。"

第82则

松下听琴，月下听箫，涧边听瀑布，山中听梵呗[①]，觉耳中别有不同。

张竹坡曰：其不同处，有难于向不知者道。

倪永清曰：识得"不同"二字，方许享此清听。

① 梵呗：指代僧人念诵声。

第83则

月下听禅，旨趣益远；月下说剑，肝胆益真；月下论诗，风致益幽[①]；月下对[②]美人，情意益笃[③]。

袁士旦[④]曰：溽暑中赴华筵，冰雪中应考试，阴雨中对道学先生，与此况味何如？

① 幽：幽婉别致。

② 对：相会，欣赏。

③ 笃：笃厚。

④ 袁士旦：袁启旭（1662—1722），字士旦，清代诗人，著有《中江纪年诗集》。

第84则

有地上之山水，有画上之山水，有梦中之山水，有胸中之山水。地上者妙在邱壑深邃，画上者妙在笔墨淋漓，梦中者妙在景象变幻，胸中者妙在位置[1]自如。

周星远曰：心斋《幽梦影》中文字，其妙亦在景象变幻。

殷日戒曰：若诗文中之山水，其幽深变幻，更不可以名状。

江含徵曰：但不可有面上之山水。

余香祖曰：余境况不佳，水穷山尽矣。

---

① 位置：安排摆放。

第85则

一日[1]之计种蕉，一岁[2]之计种竹，十年之计种柳，百年之计种松。

周星远曰：千年之计，其著书乎！

张竹坡曰：百世之计种德。

---

① 一日：一天。
② 一岁：一年。

第86则

春雨宜读书，夏雨宜弈棋，秋雨宜检藏[①]，冬雨宜饮酒。

周星远曰：四时惟秋雨最难听，然予谓无分今雨、旧雨听之，要皆宜于饮也。

---

① 检藏：指清检、整理旧日所藏之物。

第87则

诗文之体[①]，得秋气为佳；词曲之体，得春气为佳。

江含徵曰：调有惨淡悲伤者，亦须相称。

殷日戒曰：陶诗欧文[②]，亦似以春气胜。

---

① 体：体裁。

② 陶诗欧文：指陶渊明的诗、欧阳修的散文。

第88则

抄写之笔墨，不必过求其佳；若施之缣素[①]，则不可不求其佳。诵读之书籍，不必过求其备[②]；若以供稽考[③]，则不可不求其备。游历之山水，不必过求其妙；若因之卜居[④]，则不可不求其妙。

冒辟疆曰：外遇之女色，不必过求其美；若以作姬妾，则不可不求其美。

王司直曰：求其所当求，而不求其所不必求。

倪永清曰：观其区处[⑤]条理所在，经济可知。

---

① 缣素：供书画所用的细绢。

② 备：数量多，完备。

③ 稽考：查证参考。

④ 卜居：用占卜的方法选择居住的地点，泛指定居。

⑤ 区处：安排，筹划。

第89则

人非圣贤，安能无所不知？只知其一，惟恐不止其一，复求知其二者，上也；止知其一，因人言始知有其二者，次也；止知其一，人言有其二而莫之信[1]者，又其次也；止知其一，恶[2]人言有其二者，斯下之下矣。

周星远曰：兼听则聪，心斋所以深于知也。

倪永清曰：圣贤大学问，不意于清语[3]碍之。

① 莫之信：不相信。

② 恶：音 wù，厌恶。

③ 清语：指明清清言小品之类的作品。

第90则

史官所纪者，直世界[1]也；职方[2]所载者，横世界也。

袁中江曰：众宰官所治者，斜世界也。

尤悔庵曰：普天下所行者，混沌世界也。

顾天石曰：吾尝思天上之天堂何处筑基，地下之地狱何处出气，世界固有不可思议者！

① 直世界：指以时间为线索记录历史事件。

② 职方：古代的官名，其职责多为掌天下四方之事。

第91则

先天八卦[1]，竖看者也；后天八卦[2]，横看者也。

吴街南曰：横看竖看皆看不着！

钱目天曰：何如袖手旁观？

---

① 先天八卦：指伏羲初创八卦时，所绘的八角形八卦排列图。

② 后天八卦：指周文王衍化为六十四卦的八卦图。

第92则

藏书不难，能看为难；看书不难，能读[①]为难；读书不难，能用[②]为难；能用不难，能记[③]为难。

洪去芜[④]曰：心斋以能记次于能用之后，想亦苦记性不如耳。世固有能记而不能用者。

王端人[⑤]曰：能记能用，方是真藏书人。

张竹坡曰：能记固难，能行[⑥]尤难。

---

① 读：点读吟诵，领会其意。

② 用：运用。

③ 记：记住，铭记，牢记。

④ 洪去芜：洪嘉植（生卒年不详），字去芜，号秋士，清代诗人，著有《朱子年谱》等。

⑤ 王端人：王正（生卒年不详），字端人，清初女画家，著有《砚庐草》。

⑥ 行：处世行事。

第93则

求知己于朋友易，求知己于妻妾难。求知己于君臣，则尤难之难。

王名友曰：求知己于妾易，求知己于妻难，求知己于有妾之妻尤难。

张竹坡曰：求知己于兄弟亦难。

江含徵曰：求知己于鬼神，则反易耳。

第94则

何谓善人？无损于世者，则谓之善人。何谓恶人？有害于世者，则谓之恶人。

江含徵曰：尚有有害于世而反邀善人之誉，此实为好利而显为名高者，则又恶人之尤。

第95则

有工夫读书谓之福，有力量济人谓之福，有学问著述[①]谓之福，无是非到耳[②]谓之福，有多闻直谅之友[③]谓之福。

倪永清曰：直谅之友，富贵人久拒之矣，何心斋反求之也？

殷日戒曰：我本薄福人，宜行求福事，在随时儆醒而已。

杨圣藻曰：在我者可必，在人者不能必。

王丹麓曰：备此福者，惟我心斋。

李水樵[4]曰：五福骈[5]臻，固佳；苟得其半者，亦不得谓之无福。

---

① 著述：著书立说。

② 无是非到耳：没有是非扰乱视听。

③ 多闻直谅之友：指博学、正直、宽容、见多识广、直言不讳的朋友。语出《论语·季氏》。

④ 李水樵：即李淦。

⑤ 骈：一起，一同。

第96则

人莫乐于闲[1]，非无所事事之谓也。闲则能读书，闲则能游名胜，闲则能交益友，闲则能饮酒，闲则能著书。天下之乐，孰大于是？

陈鹤山曰：然则正是极忙处。

黄交三曰：闲字前有主敬功夫，方能到此。

尤悔庵曰：昔人云“忙里偷闲”，闲而可偷，盗亦有道矣。

李若金曰：闲固难得，有此五者，方不负闲字。

① 闲：闲暇。

第97则

文章[①]是案头之山水，山水是地上之文章[②]。

李圣许曰：文章必明秀，方可作案头山水；山水必曲折[③]，乃可名地上文章。

① 文章：文辞。

② 文章：这里为“文章”本义。

③ 曲折：指好的山水应有文章中的深邃内涵、抒情动人之感。

第98则

平、上、去、入[①]乃一定之至理，然入声之为字也少，不得谓凡字皆有四声也。世之调平仄者，于入声之无其字者，往往以不相合之音隶[②]于其下，为所隶者苟[③]无平上去之三声，则是以寡妇配鳏夫[④]，犹之可也。若所隶之字自有其平上去之三声，而欲强以从我，则是干[⑤]有夫之妇矣，其可乎？姑就诗韵言之，如东冬韵，无入声者也，今人尽调之以东董冻督。夫督之为音，当附于都睹妒之下，若属之于东董冻，又何以处夫都睹妒乎？若东、都二字俱以督字为入声，则是一妇而两夫矣。三江，无入声者也，今人尽调之以江讲绛觉，殊不知觉之为音，当附于交绞教之下者也。诸如此类，不胜其举。然则如之何而后可？曰：鳏者听其鳏，寡者听其寡，夫妇全者安其全，各不相干而已矣。东冬、欢桓、寒山、真文、元渊、先天、庚青、侵、盐、咸诸部，皆无入声者也。屋沃内，如秃、独、鹄、束等字，乃鱼虞韵内都图等字之入声；卜、木、六、仆等字，乃五歌部之入声；玉、狱、菊、育等字，乃尤部之入声。三觉、十药，当属萧肴豪；质、锡、职、缉，当属于支微齐。质内之橘、卒，物内之郁、屈，当属于鱼虞。物内之勿、物等音，无平上去者也；讫、乞等，四支之入声也。陌部乃佳、灰之半、开、来等字之入声也。月部之月、厥、阙、谒等及屑、叶二部，古无平上去，而今则为中州韵内车、遮诸字之入声也。伐、发等字及曷部之括、适及八黠全部，又十五合内诸字，又十七洽全部，皆六麻之入声也。曷内之撮、阔等字，合部之合、盒数字，皆无平上去者也。若以缉、合、叶、洽为闭口韵，则止当谓之无平上去之寡妇，而不当调之以侵、寝、缉、喊、陷、洽也。

石天外曰：中州韵无入声，是有夫无妇，天下皆成旷夫世界矣。

---

① 平、上、去、入：中国古代古汉语的四种声调。

② 隶：附属、属于。

③ 苟：如果。

④ 鳏夫：指没娶妻的人、光棍。鳏，音 guān。

⑤ 干：侵犯、危害。

第99则

《水浒传》是一部怒书，《西游记》是一部悟[①]书，《金瓶梅》是一部哀书。

江含徵曰：不会看《金瓶梅》而只学其淫，是爱东坡者但喜吃东坡肉耳。

殷日戒曰：《幽梦影》是一部快书。

朱其恭曰：余谓《幽梦影》是一部趣书。

---

① 悟：悟道。

第100则

读书最乐，若读史书则喜少怒[①]多，究之[②]怒处亦乐处也。

张竹坡曰：读到喜怒俱忘，是大乐境。

陆云士曰：余尝有句云：读《三国志》无人不为刘[③]，

读《南宋书》无人不冤岳[4]，第人不知怒处亦乐处耳。怒而能乐，惟善读史者知之。

---

① 怒：愤怒的心情。
② 究之：说到底。
③ 刘：指刘备。刘备（161—223），字玄德，三国时期蜀汉开国皇帝。
④ 岳：指岳飞。岳飞（1103—1142），字鹏举，南宋杰出的统帅，抗金名将。

第101则

发前人未发之论，方是奇书；言妻子[1]难言之情，乃为密友。

孙恺似曰：前二语是心斋著书本领。

毕右万曰：奇书我却有数种，如人不肯看何[2]！

陆云士曰：《幽梦影》一书，所发者皆未发之论，所言者皆难言之情。"欲语羞雷同"，可以题赠。

---

① 妻子：指妻子与儿女。
② 何：奈何，怎么办。

第102则

一介之士[1]，必有密友。密友不必定是刎颈之交[2]，大率[3]虽千百里之遥，皆可相信，而不为浮言[4]所动；闻有谤之者，即多方为之辨析而后已；事之宜行宜止者，代为筹画决断；或事当利害关头，有所需而后济者，即不必与闻，亦不虑其负我与否，竟为力承其事。此皆所谓密友也。

殷日戒曰：后段更见恳切周详，可以想其为人矣。

石天外曰：如此密友，人生能得几个？仆愿心斋先生当之。

---

①一介之士：作为一个普通人。

②刎颈之交：成语，比喻可以同生共死的好友。出自《史记・廉颇蔺相如列传》："卒相与欢，为刎颈之交。"

③大率：大致，大概。

④浮言：指没有根据的话。

第103则

风流自赏，只容[1]花鸟趋陪；真率谁知，合[2]受烟霞供养。

江含徵曰：东坡有云：当此之时，若有所思而无所思。

---

①容：允许。

②合：应该。

第104则

万事可忘，难忘者名心一段①；千般易淡②，未淡者美酒三杯。

张竹坡曰：是闻鸡起舞、酒后耳热气象。

王丹麓曰：予性不耐饮，美酒亦易淡，所最难忘者，名耳。

陆云士曰：惟恐不好名，丹麓此言具见真处。

①名心一段：指追求名誉的那种心情。

②千般易淡：指对很多事情都容易淡漠，失去兴趣。

第105则

芰荷①可食而亦可衣，金石可器而亦可服②。

张竹坡曰：然后知濂溪③不过为衣食计耳。

王司直曰：今之为衣食计者，果似濂溪否？

①芰荷：即荷花、菱角。芰，音jì。

②金石可器而亦可服：以金石为原料炼制金丹。金石，指金银玉石。器，指作器物。服，指服用。

③濂溪：周敦颐（1017—1073），原名敦实，别称濂溪先生，北宋理学家、哲学家。

第106则

宜于耳复[①]宜于目者，弹琴也，吹箫也；宜于耳不宜于目者，吹笙也，擫[②]管也。

李圣许曰：宜于目不宜于耳者，狮子吼[③]之美妇人也；不宜于目并不宜于耳者，面目可憎、语言无味之纨袴子也。

庞天池曰：宜于耳复宜于目者，巧言令色也。

---

① 复：又

② 擫：音 yè，按，这里指吹奏管乐。

③ 狮子吼：原为佛教语，指能降妖伏魔的“正声”。后常用来形容悍妇的恶声。

第107则

看晓妆[①]，宜于傅粉[②]之后。

余淡心曰：看晚妆，不知心斋以为宜于何时？

周冰持[③]曰：不可说，不可说！

黄交三曰：水晶帘下看梳头，不知尔时曾傅粉否？

庞天池曰：看残妆宜于微醉后，然眼花撩乱矣。

---

① 晓妆：指早晨的妆容。

② 傅粉：擦涂脂粉。

③ 周冰持：周稚廉（1666—1694），字冰持，清代戏曲家，著有《容居堂诗钞》三卷、《容居堂诗钞》七卷。

第108则

我不知我之生前，当春秋之季，曾一识西施否？当典午[①]之时，曾一看卫玠[②]否？当义熙[③]之世，曾一醉渊明否？当天宝[④]之代，曾一睹太真[⑤]否？当元丰[⑥]之朝，曾一晤东坡否？千古之上，相思者不止此数人，而此数人则其尤甚者，故姑举之以概其余也。

杨圣藻曰：君前生曾与诸君周旋亦未可知，但今忘之耳。

纪伯紫[⑦]曰：君之前生或竟是渊明、东坡诸人，亦未可知。

王名友曰：不特此也，心斋自云愿来生为绝代佳人，又安知西施、太真不即为其前生耶？

郑破水曰：赞叹爱慕，千古一情。美人不必为妻妾，名士不必为朋友，又何必问之前生也耶？心斋真情痴也。

余香祖曰：我亦欲搔首问青天。

陆云士曰：余尝有诗曰："自昔闻佛言，人有轮回事。前生为古人，不知何姓氏？"或览青史中，若与他人遇。竟与心斋同情，然大逊其奇快。

---

① 典午："司马"的隐语。晋帝姓司马氏，后以"典午"代指晋朝。

② 卫玠：(286—312)，字叔宝，中国古代四大美男子之一。

③ 义熙：晋安帝司马德宗年号，即公元405—418年。

④ 天宝：唐玄宗李隆基年号，即公元742—756年。

⑤ 太真：杨玉环（719—756），号太真，唐代贵妃。

⑥ 元丰：宋神宗赵顼年号，即公元 1078—1085。

⑦ 纪伯紫：纪映钟（1609—1681），字伯紫，明末清初诗人，著有《戆叟诗钞》《真冷堂诗稿》等。

第109则

我又不知在隆、万时[①]曾于旧院[②]中交几名妓？眉公[③]、伯虎[④]、若士[⑤]、赤水[⑥]诸君，曾共我谈笑几回？茫茫宇宙，我今当向谁问之耶？

江含徵曰：死者有知，则良晤匪遥；如各化为异物，吾未如之何也已。

顾天石曰：具此襟情，百年后当有恨不与心斋周旋者，则吾幸矣！

---

① 隆、万时：指隆庆、万历年间。隆庆，明穆宗朱载垕年号，即公元 1567—1572 年。万历，明神宗朱翊钧年号，即公元 1573—1620 年。

② 旧院：指明代妓院聚集的地方。

③ 眉公：陈继儒（1558—1639），号眉公，明代文学家，著有《眉公全集》《小窗幽记》等。

④ 伯虎：即唐寅。

⑤ 若士：即汤显祖。

⑥ 赤水：屠隆（1543-1605），号赤水，明代文学家、戏曲家，著有《鸿苞集》

《由拳集》《昙花记》《娑罗馆清言》等。

第110则

文章是有字句之锦绣，锦绣是无字句之文章，两者同出于一原[①]。姑即粗迹论之：如金陵[②]，如武林[③]，如姑苏[④]，书林之所在，即机杼[⑤]之所在也。

袁翔甫补评曰：若兰回文，是有字句之锦绣也；落花水面，是无字句之文章也。

---

① 原：本原。
② 金陵：今南京。
③ 武林：今杭州。
④ 姑苏：今苏州。
⑤ 杼：音 zhù，织机上的部件。

第111则

予尝集诸法帖字为诗。字之不复而多者，莫善于《千字文》[①]，然诗家目前常用之字，犹苦其未备。如天文之烟霞风雪，地理之江山塘岸，时令之春宵晓暮，人物之翁僧渔樵，花木之花柳苔萍，鸟兽之蜂蝶莺燕，宫室之台槛轩窗，器用之舟船壶杖，人事之梦忆愁恨，衣服之裙袖锦绮，饮食之茶浆饮酌，身体之须眉韵态，声色之红绿香艳，文史之骚赋题吟，数目之一三双半，皆无其字。《千字文》且然，况其他乎？

黄仙裳曰：山来此种诗竟似为我而设。

顾天石曰：使其皆备，则《千字文》不为奇矣。吾尝于千字之外另集千字，而已不可复得，更奇。

---

①《千字文》：原名为《次韵王羲之书千字》，是选取王羲之手迹一千个不同字，并由南朝梁周兴嗣编集而成的一篇长韵文。

第112则

花不可见其落，月不可见其沉，美人不可见其夭[①]。

朱其恭曰：君言谬矣！洵[②]如所云，则美人必见其发白齿豁而后快耶？

---

①夭：夭折。

②洵：实在。

第113则

种花须见其开，待月须见其满，著书须见其成，美人须见其畅适[①]，方有实际，否则皆为虚设。

王璞庵曰：此条与上条互相发明，盖曰花不可见其落耳，必须见其开也。

---

① 畅适：开心惬意。

第114则

惠施[①]多方[②]，其书五车[③]；虞卿[④]以穷愁著书，今皆不传。不知书中果作何语，我不见古人，安得不恨?

王仔园[⑤]曰：想亦与《幽梦影》相类耳。

倪永清曰：有著书之名而不见书，省人多少指摘。

顾天石曰：古人所读之书、所著之书，若不被秦人烧尽，则奇奇怪怪、可供今人刻画者，知复何限。然如《幽梦影》等书出，不必思古人矣。

庞天池曰：我独恨古人不见心斋。

---

① 惠施：惠子（前390—前317），名施，战国时期著名的政治家、辩客和哲学家，是名家思想的开山鼻祖和主要代表人物，主张“合同异”之说。

② 多方：指学识广博。

③ 其书五车：表示书很多，比喻学识丰富。典出《庄子·天下》。

④ 虞卿：战国时期善于游说之士，著有《虞氏征传》《虞氏春秋》等。

⑤ 王仔园：王寅（1628—1682），字宾王，号仔园，著有《一草亭集》。

第115则

以松花[①]为粮，以松实[②]为香，以松枝为麈尾[③]，以松阴[④]为步障[⑤]，以松涛为鼓吹。山居得乔[⑥]松百余章，真乃受用不尽。

施愚山[⑦]曰：君独不记曾有松多大蚁之恨耶？

江含徵曰：松多大蚁，不妨便为蚁王。

石天外曰：坐乔松下，如在水晶宫中，见万顷波涛总在头上，真仙境也。

---

① 松花：又称松黄，即松花粉。

② 松实：松树的果实，如松脂、松香等。

③ 麈尾：即拂尘。麈，音 zhǔ，鹿类动物。

④ 松阴：指松树下的阴凉地方。

⑤ 步障：类似屏障。用以遮蔽风尘或视线的屏障。

⑥ 乔：高耸。多用以形容树木。

⑦ 施愚山：施闰章（1618—1683），号愚山，明末清初文学家，著有《学余堂文集》《学余堂诗集》《矩斋杂记》等。

第116则

玩月之法：皎洁则宜仰观，朦胧则宜俯视。

孔东塘曰：深得玩月三昧。

第117则

孩提之童[①]，一无所知，目不能辨美恶，耳不能判清浊，鼻不能别香臭。至若味之甘苦，则不第[②]知之，且能取之弃之。告子[③]以甘食悦色为性，殆[④]指此类乎？

袁翔甫补评曰：于禽兽又何异焉？

---

① 孩提之童：指两三岁以内的孩子。

② 不第：不仅。

③ 告子：名不详，一说名不害，战国时期思想家，与孟轲同一时期。他的著作没有流传下来，学说仅在《孟子·告子》中有少许记载。

④ 殆：大概。

第118则

凡事不宜刻[①]，若读书则不可不刻；凡事不宜贪[②]，若买书则不可不贪；凡事不宜痴，若行善则不可不痴[③]。

余淡心曰：读书不可不刻，请去一“读”字，移以赠我，何如？

张竹坡曰：我为刻书累，谓并去一“不”字。

杨圣藻曰：行善不痴，是邀名矣。

---

① 刻：刻意，过分追求。

② 贪：不知满足。

③ 痴：沉迷。

第119则

酒可好，不可骂座[①]；色可好，不可伤生[②]；财可好，不可昧心[③]；气可好，不可越理[④]。

袁中江曰：如灌夫[⑤]使酒，文园[⑥]病肺，昨夜南塘一出，马上挟章台柳归，亦自无妨，觉愈见英雄本色也。

---

① 骂座：指酒醉后撒酒疯骂人。

② 伤生：伤身。

③ 昧心：违背良心。

④ 越理：超出常理，不讲道理。

⑤ 灌夫：（？—前131），字仲孺，西汉将军，参与平定吴楚七国之乱。

⑥ 文园：指西汉司马相如。司马相如（约前179—前118），字长卿，西汉著名辞赋家，著有《子虚赋》《上林赋》《美人赋》等。

第120则

文名[①]可以当科第[②]，俭德[③]可以当货财[④]，清闲可以当寿考[⑤]。

聂晋人曰：若名人而登甲第，富翁而不骄奢，寿翁而又清闲，便是蓬壶三岛[⑥]中人也。

范汝受[7]曰：此亦是贫贱文人无所事事，自为慰藉云耳，恐亦无实在受用处也。

曾青藜[8]曰："无事此静坐，一日似两日。若活七十年，便是百四十。"此是清闲当寿考注脚。

石天外曰：得老子退一步法。

顾天石曰：予生平喜游，每逢佳山水，辄留连不去，亦自谓可当园亭之乐。质诸心斋，以为然否？

---

① 文名：文学方面声望。

② 科第：科举功名。

③ 俭德：勤俭的品德。

④ 货财：钱财资本。

⑤ 寿考：长寿。

⑥ 蓬壶三岛：蓬壶又称作蓬莱，古代认为海中有三座仙岛，即蓬莱、方丈、瀛洲。

⑦ 范汝受：范国禄（1624—1696），字汝受，清代诗人，著有《十八楼稿》。

⑧ 曾青藜：曾灿（1625—1689），字青藜，清代文学家，著有《六松堂文集》《止山集》等。

第121则

不独诵其诗、读其书是尚友[1]古人，即观其字画，亦是尚友古人处。

张竹坡曰：能友字画中之古人，则九原[2]皆为之感泣矣。

聊贈一枝春

赠范晔

折梅逢驿使，

寄与陇头人。

江南无所有，

聊赠一枝春。

——（宋）陆凯

① 尚友：指上与古人为友。“尚”同“上”。
② 九原：这里指墓地。

第122则

无益[1]之施舍，莫过于斋僧[2]；无益之诗文，莫甚于祝寿。

殷简堂曰：若诗文有笔资，亦未尝不可。

张竹坡曰：无益之心思，莫过于忧贫；无益之学问，莫过于务名。

庞天池曰：有益之施舍，莫过于多送我《幽梦影》几册。

① 无益：指没有用处的。
② 斋僧：设斋食供养僧众。

第123则

妾美不如妻贤，钱多不如境顺。

张竹坡曰：此所谓竿头欲进步者，然妻不贤，安用妾美？钱不多，那得境顺？

张迂庵曰：此盖谓二者不可得兼，舍一而取一者也。又曰：世固有钱多而境不顺者。

第124则

创新庵不若修古庙，读生书[①]不若温旧业[②]。

张竹坡曰：是真会读书者，是真读过万卷书者，是真一书曾读过数遍者。

顾天石曰：惟《左传》《楚词》、马班杜韩之诗文及《水浒》《西游》《还魂》等书，虽读百遍不厌，此外皆不耐温者矣，奈何！

王安节[③]曰：今世建生祠[④]，又不若创茅庵。

① 读生书：指阅读新书或没读过的内容。

② 旧业：指已学过或读过的课业。

③ 王安节：王概（1645—约1710），字安节，清代画家，工诗善画，以山水画名于世，著有《山飞泉立草堂集》《学画浅说》等。

④ 生祠：指为还在世的人修建的祠堂。

第125则

字与画同出一原[①]，观六书[②]始于象形，则可知已。

江含徵曰：有不可画之字，不得不用六法也。

张竹坡曰：千古人未经道破，却一口拈出。

① 原：本原，源头。

② 六书：指汉字的造字条例，即指事、象形、形声、会意、转注、假借。

第126则

忙人园亭宜与住宅相连，闲人园亭不妨与住宅相远。

张竹坡曰：真闲人必以园亭为住宅。

第127则

酒可以当茶，茶不可以当酒；诗可以当文，文不可以当诗；曲可以当词，词不可以当曲；月可以当灯，灯不可以当月；笔可以当口，口不可以当笔；婢可以当奴[①]，奴不可以当婢。

江含徵曰：婢当奴则太亲，吾恐忽闻河东狮子吼耳。

周星远曰：奴亦有可以当婢处，但未免稍逊耳。近时士大夫往往耽此癖，吾辈驰骛[②]之流，盗此虚名，亦欲效颦相尚。滔滔者天下皆是也[③]，心斋岂未识其故乎？

张竹坡曰：婢可以当奴者，有奴之所有者也；奴不可以当婢者，有婢之所同有，无婢之所独有者也。

弟木山曰：兄于饮食之顷，恐月不可以当灯。

余湘客曰：以奴当婢，小姐权时[④]落后也。

宗子发[⑤]曰：惟帝王家不妨以奴当婢，盖以有阉割法也。每见人家奴子出入主母卧房，亦殊可虑。

① 奴：奴仆、家奴，这里指男性奴仆。

② 驰骛：追逐名利。

③ 滔滔者天下皆是也：恶劣的风气到处都是。语出《论语·微子》。

④ 权时：暂时，临时。

⑤ 宗子发：宗元豫（1624—1696），字子发，明末清初学者，著有《两汉文删》《古诗赋删》《卧游录》《焚余稿诗文》等。

第128则

胸中小不平，可以酒消①之；世间大不平，非剑不能消也。

周星远曰：看剑引杯长②，一切不平皆破除矣。

张竹坡曰：此平世的剑术，非隐娘③辈所知。

张迂庵曰：苍苍者④未必肯以太阿⑤假人，似不能代作空空儿也。

尤悔庵曰：龙泉太阿⑥，汝知我者，岂止苏子美⑦以一斗⑧读《汉书》耶？

① 消：消解，消除。

② 看剑引杯长：饮酒看剑，酒越喝越酣畅。语出唐代杜甫《夜宴左氏庄》："检书烧烛短，看剑引杯长。"

③ 隐娘：指唐代裴铏所撰《聂隐娘》中的女侠人物聂隐娘。

④ 苍苍者：指上苍、上天。

⑤ 太阿：指宝剑。

⑥ 龙泉太阿：两柄宝剑名。

⑦ 苏子美：苏舜钦（1008—1048），字子美，北宋词人，著有《城南感怀呈永叔》《吾闻》《淮中晚泊犊头》等。

⑧ 一斗：这里指一斗酒。旧时，十升等于一斗。传说苏舜钦夜读《汉书》，每至妙处，即饮一杯，一夕饮酒一斗。

第129则

不得已而谀[①]之者，宁以口，毋以笔；不可耐[②]而骂之者，亦宁以口，毋以笔。

孙豹人[③]曰：但恐未必能自主耳。

张竹坡曰：上句立品，下句立德。

张迂庵曰：匪惟立德，亦以免祸。

顾天石曰：今人笔不谀人，更无用笔之处矣。心斋不知此苦，还是唐宋以上人耳。

陆云士曰：古《笔铭》曰："毫毛茂茂，陷水可脱，陷文不活"正此谓也。亦有谀以笔而实讥之者，亦有骂以笔而苦誉之者，总以不笔为高。

① 谀：奉承。

② 耐：忍受。

③ 孙豹人：孙枝蔚（1620-1687），字叔发，号豹人，一说字豹人，号溉堂，清初著名诗人，著有《溉堂集》。

第130则

多情者必好色，而好色者未必尽属多情；红颜者必薄命[①]，而薄命者未必尽属红颜；能诗者必好酒，而好酒者未必尽属能诗。

张竹坡曰：情起于色者，则好色也，非情也。祸起于颜色者，则薄命在红颜，否则亦止曰命而已矣。

洪秋士曰：世亦有能诗而不好酒者。

---

① 薄命：命运多舛。语出《汉书·外戚传下·孝成许皇后》："妾薄命，端遇竟宁前。"

第131则

梅令人高[①]，兰令人幽[②]，菊令人野[③]，莲令人淡[④]，春海棠令人艳，牡丹令人豪，蕉与竹令人韵，秋海棠令人媚，松令人逸[⑤]，桐[⑥]令人清[⑦]，柳令人感[⑧]。

张竹坡曰：美人令众卉皆香，名士令群芳俱舞。

尤谨庸曰：读之惊才绝艳，堪采入《群芳谱》[⑨]中。

---

① 高：高洁。

② 幽：幽雅。

③ 野：质朴，自然之趣味。

④ 淡：淡泊，恬淡。

⑤ 逸：超逸。

⑥ 桐：指梧桐。

⑦ 清：清峻。

⑧ 感：感慨万千。

⑨《群芳谱》：即《二如亭群芳谱》，明代王象晋所编撰，是介绍栽培植物的著作。

第132则

物之能感人者，在天莫如月，在乐莫如琴，在动物莫如鹃，在植物莫如柳。

袁翔甫补评曰：问之物，而物不知其所以然也；问之人，而人亦不知其何以故也。

第133则

妻子颇足累人，羡和靖[1]梅妻鹤子；奴婢亦能供职，喜志和[2]樵婢渔奴[3]。

尤悔庵曰："梅妻鹤子"，"樵婢渔童"，可称绝对。人生眷属，得此足矣。

---

① 和靖：林逋（967—1028），字君复，又称和靖先生，北宋词人、隐士。

② 志和：张志和（约730—约810），字子同，唐代诗人，著有《玄真子》等。

③ 樵婢渔奴：唐肃宗曾赏赐张志和奴仆、婢女各一人，张志和为他们取名渔童和樵青。

第134则

涉猎[①]虽曰无用，犹胜于不通古今；清高固然可嘉，莫流于不识时务。

黄交三曰：南阳抱膝时，原非清高者可比。

江含徵曰：此是心斋经济语。

张竹坡曰：不合时宜则可，不达时务奚其可？

尤悔庵曰：名言名言！

① 涉猎：广泛涉及。

第135则

所谓美人者，以花为貌，以鸟为声，以月为神[①]，以柳为态，以玉为骨，以冰雪为肤，以秋水为姿，以诗词为心，吾无间然[②]矣。

冒辟疆曰：合古今灵秀之气，庶几铸此一人。

江含徵曰：还要有松蘖[③]之操[④]才好。

黄交三曰：论美人而曰“以诗词为心”，真是闻所未闻。

① 神：神情。
② 无间然：无可挑剔。
③ 蘗：音 bò，同“檗”，落叶乔木。
④ 操：操行、品行。

第136则

蝇集人面，蚊嘬[1]人肤，不知以人为何物？

陈康畴曰：应是头陀[2]转世，意中但求布施也。

释菌人曰：不堪道破。

张竹坡曰：此《南华》[3]精髓也。

尤悔庵曰：正以人之血肉只堪供蝇蚊咀嚼耳。以我视之，人也；自蝇蚊视之，何异腥膻臭腐乎？

陆云士曰：集人面者，非蝇而蝇；嘬人肤者，非蚊而蚊。明知其为人也，而集之嘬之，更不知其以人为何物？

① 嘬：音 chuài，叮、咬。
② 头陀：梵文的音译，多用指僧人，尤其指行脚乞食的僧人。
③《南华》：即《南华真经》，也是《庄子》的别名。

第137则

有山林隐逸之乐而不知享者，渔樵[①]也，农圃也，缁黄[②]也；有园亭姬妾之乐而不能享、不善享者，富商也，大僚[③]也。

弟木山曰：有山珍海错而不能享者，庖人也；有牙签玉轴[④]而不能读者，蠹鱼也，书贾也。

---

① 渔樵：指渔人与樵夫。

② 缁黄：僧人的缁服和道士的黄冠，代指僧人与道士。缁，音 zī，黑色。

③ 大僚：大官。

④ 牙签玉轴：成语，卷型古书的精美标签和卷轴，代指书籍。牙，象牙。

第138则

黎举[①]云："欲令梅聘[②]海棠，枨子[③]（想是橙）臣樱桃，以芥[④]嫁笋，但时不同耳。"予谓物各有偶，拟必于伦，今之嫁娶，殊[⑤]觉未当。如梅之为物，品最清高，棠之为物，姿极妖艳，即使同时，亦不可为夫妇。不若梅聘梨花，海棠嫁杏，橼[⑥]臣佛手，荔枝臣樱桃，秋海棠嫁雁来红，庶几相称耳。至若以芥嫁笋，笋如有知，必受河东狮子[⑦]之累矣。

弟木山曰：余尝以芍药为牡丹后，因作贺表一通，兄曾云："但恐芍药未必肯耳。"

石天外曰：花神有知，当以花果数升谢蹇修[8]矣。

姜学在[9]曰：雁来红做新郎，真个是老少年[10]也。

---

①黎举：唐代人，生平不详。以下一段话转引自唐代冯贽的《云仙杂记》。

②聘：定亲，娶（妻）。

③枨子：橙子。枨，音chéng。

④芥：芥菜。

⑤殊：极其特别。

⑥橼：指香橼，又名枸橼。

⑦河东狮子：这里特指悍妇。

⑧蹇修：媒人。

⑨姜学在：姜实节（1647—1709），字学在、恩末，清代诗人，著有《焚馀草》。

⑩老少年：即雁来红，是优良的观叶植物。

第139则

五色有太过，有不及，惟黑与白无太过。

杜茶村[1]曰：君独不闻唐有李太白乎？

江含徵曰：又不闻"玄之又玄"乎？

尤悔庵曰：知此道者，其惟弈乎？老子曰："知其白，守其黑。"

---

①杜茶村：杜浚（1611-1687），字于皇，号茶村，晚明诗人，著有《变雅堂遗集》。

第140则

许氏《说文》[1]分部，有止有其部而无所属之字者，下必注云：凡某之属，皆从某。赘句殊觉可笑，何不省此一句乎？

谭公子曰：此独民县到任告示耳。

王司直云：此亦古史之遗。

---

① 许氏《说文》：指东汉许慎所编的《说文解字》，是中国第一部按部首编排的字典。

第141则

阅《水浒传》至鲁达打镇关西、武松打虎，因思人生必有一桩极快意事，方不枉在生一场。即不能有其事，亦须著得一种得意之书，庶几无憾耳。如李太白有贵妃捧砚事，司马相如有文君当垆[1]事，严子陵有足加帝腹[2]事，王之涣、王昌龄有旗亭画壁[3]事，王子安有顺风过江作《滕王阁序》事之类。

张竹坡曰：此等事，必须无意中方做得来。

陆云士曰：心斋所著得意之书颇多，不止一打快活林、一打景阳冈称快意矣。

弟木山曰：兄若打中山狼[4]，更极快意。

① 当垆：指卓文君成都卖酒。

② 足加帝腹：东汉严子陵与东汉光武帝刘秀同榻而卧，梦中把脚压在刘秀的肚腹上。

③ 旗亭画壁：出自王之涣、王昌龄、高适三人“旗亭赌唱”的故事，记载于唐代薛用弱的传奇小说集《集异记》。

④ 中山狼：形容恩将仇报的人。

第142则

春风如酒，夏风如茗[①]，秋风如烟、如姜芥。

许筠庵[②]曰：所以秋风客[③]气味狠辣。

张竹坡曰：安得东风夜夜来？

① 茗：茶。

② 许筠庵：许承宣（？—1685），字力臣，号筠庵，清初诗人，著有《金台集》《宿影亭稿》等。

③ 秋风客：指求取资助的人。

第143则

冰裂纹极雅，然宜细不宜肥，若以之作窗栏，殊不耐观也。冰裂纹须分大小，先作大冰裂，再于每大块之中作小冰裂方佳。

江含徵曰：此便是哥窑[①]纹也。

靳熊封[②]曰："一片冰心在玉壶"，可以移赠。

---

① 哥窑：宋代五大名窑之一。

② 靳熊封：靳治荆，字熊封，清代学者，著有《思旧录》《金陵贤古诗》等。

第144则

鸟声之最佳者，画眉第一，黄鹂、百舌次之。然黄鹂、百舌，世未有笼而畜之者，其殆高士之俦，可闻而不可屈者耶？

江含徵曰：又有"打起黄莺儿"[①]者，然则亦有时用他不着。

陆云士曰："黄鹂住久浑相识，欲别频啼四五声。"[②]来去有情，正不必笼而畜之也。

---

① 打起黄莺儿：出自唐代金昌绪《春怨》："打起黄莺儿，莫教枝上啼。"

② 黄鹂住久浑相识，欲别频啼四五声：出自唐代戎星《移家别上亭》。

第145则

不治生产[①]，其后必致累[②]人，专务交游[③]，其后必致累已。

杨圣藻曰：晨钟夕磬，发人深省。

冒巢民[④]曰：若在我，虽累己累人，亦所不悔。

宗子发曰：累己犹可，若累人，则不可矣。

江含徵曰：今之人未必肯受你累，还是自家稳些的好。

---

① 不治生产：不从事生产。

② 累：连累。

③ 交游：交际，结交朋友。

④ 冒巢民：即冒襄。

第146则

昔人云："妇人识字，多致诲淫[①]。"予谓此非识字之过[②]也。盖识字则非无闻[③]之人，其淫也人易得而知耳。

张竹坡曰：此名士持身不可不加谨也。

李若金曰：贞者识字愈贞，淫者不识字亦淫。

---

① 诲淫：指引诱别人产生奸淫之过。

② 过：过失。

③ 无闻：默默无闻。

第147则

善读书者，无之而非书[①]：山水亦书也，棋酒亦书也，花月亦书也。善游山水者，无之而非山水[②]：书史[③]亦山水也，诗酒亦山水也，花月亦山水也。

陈鹤山曰：此方是真善读书人、善游山水人。

黄交三曰：善于领会者，当作如是观。

江含徵曰：五更卧被时，有无数山水、书籍在眼前、胸中。

尤悔庵曰：山耶，水耶，书耶，一而二、二而三、三而一者也。

陆云士曰：妙舌如环，真慧业文人[④]之语。

---

① 无之而非书：万物都可以当作书来读。

② 无之而非山水：到处都是可以流连忘返的山水。

③ 书史：泛指书籍。

④ 慧业文人：指有文学天赋的人。

第148则

园亭之妙，在邱壑布置，不在雕绘琐屑。往往见人家园子，屋脊墙头，雕砖镂瓦，非不穷极工巧，然未久即坏。坏后极难修葺[①]，是何如朴素之为佳乎？

江含徵曰：世间最令人神怆者，莫如名园雅墅，一经颓废，风台月榭，埋没荆棘。故昔之贤达，有不欲置别业者。予尝过琴虞，留题名园句有云："而今绮砌雕栏在，剩与园丁作业钱。"盖伤之也。

弟木山曰：予尝悟作园亭与作光棍二法：园亭之善，在多回廊；光棍[2]之恶，在能结讼。

① 修葺：修复，补葺。多用于修理建筑物。葺，音 qì。
② 光棍：此处指地痞、无赖。

第149则

清宵[1]独坐，邀月言愁；良夜[2]孤眠，呼蛩语恨[3]。

袁士旦曰：令我百端交集。

黄孔植曰：此逆旅无聊之况，心斋亦知之乎？

① 清宵：清幽的夜晚。
② 良夜：美好的夜晚。
③ 呼蛩语恨：托蟋蟀声传满怀幽恨。蛩，音 qióng，蟋蟀。

第150则

官声[1]采于舆论，豪右[2]之口与寒乞[3]之口，俱不得其真；花案[4]定于成心[5]，艳媚之评与寝陋[6]之评，概恐失其实。

倪永清曰：我谓众人唾骂者，其人必有可观。

黄九烟曰：先师[7]有言，不如乡人之善者好之，其不善者恶之。

李若金曰：豪右而不讲分上，寒乞而不望推恩者，亦未尝无公论。

---

① 官声：为官的声誉。

② 豪右：指豪强大族。

③ 寒乞：指寒士乞丐。

④ 花案：旧时对青楼妓女进行品评以定其名次。

⑤ 成心：偏见。

⑥ 寝陋：相貌丑陋。

⑦ 先师：指孔子。

第151则

胸藏邱壑[1]，城市不异山林；兴[2]寄[3]烟霞，阎浮[4]有如蓬岛[5]。

袁翔甫补评曰："旷达"二字，由于天性。先生之风，山高水长。

---

① 胸藏邱壑：胸怀山林丘壑。邱，同丘。

②兴：兴致。

③寄：寄予。

④阎浮：置身尘世。

⑤蓬岛：蓬莱仙境，海外仙山。

第152则

梧桐为植物中清品[①]，而形家[②]独忌[③]之，甚且谓“梧桐大如斗，主人往外走”；若竟视为不祥之物也者。夫剪桐封弟[④]，其为宫中之桐可知，而卜世[⑤]最久者，莫过于周。俗言之不足据[⑥]，类如此夫。

江含徵曰：爱碧梧者，遂艰于白镪[⑦]。造物盖忌之，故靳[⑧]之也，有何吉凶休咎之可关？只是打秋风时光棍样可厌耳。

尤悔庵曰：“梧桐生矣，于彼朝阳。”《诗》言之失。

倪永清曰：心斋为梧桐雪千古之奇冤，百卉俱当九顿[⑨]。

---

①清品：上品，清纯的品种。

②形家：旧时借相形阴阳五行以推吉凶之人。

③忌：妒忌。

④剪桐封弟：指周成王剪桐叶作为信物，封地给幼弟的故事。

⑤卜世：这里指用占卜方式预测国家统管天下的世数。

⑥据：凭信。

⑦白镪：古代当作货币的白银。

⑧靳：吝惜，不肯给予。

⑨ 九顿：原意九次叩头，引申为深表谢意。典出《左传·定公四年》。

第153则

多情者不以生死易心[①]，好饮者不以寒暑改量[②]，喜读书者不以忙闲作辍[③]。

朱其恭曰：此三言者，皆是心斋自为写照。

王司直曰：我愿饮酒读《离骚》，至死方辍，何如？

---

① 易心：改变感情。

② 改量：改变酒量。

③ 作辍：停止研习。

第154则

蛛为蝶之敌国[①]，驴为马之附庸。

周星远曰：妙论解颐，不数[②]晋人危语[③]、隐语[④]。

黄交三曰：自开辟以来，未闻有此奇论。

---

① 敌国：敌对之国，敌人、对手。

② 不数：不亚于。

③ 危语：指使人警醒的话，属晋人喜欢的一种文字游戏。

④ 隐语：类似谜语，属晋人喜欢的一种文字游戏。

第155则

立品[①]须法[②]乎宋人之道学，涉世[③]宜参[④]以晋代之风流。

倪永清曰：等闲地位，却是个双料圣人。

方宝臣[⑤]曰：真道学未有不风流者。

张竹坡曰：夫子自道也。

胡静夫曰：予赠金陵前辈赵容庵句云："文章鼎立《庄》《骚》外，杖履风流晋宋间。"今当移赠山老。

陆云士曰：有不风流之道学，有风流之道学；有不道学之风流，有道学之风流。毫厘千里。

---

① 立品：树立品行，培养品德。

② 法：取法，以为榜样。

③ 涉世：为人处世。

④ 参：参见，参考。

⑤ 方宝臣：方淇荩（生卒年不详），字宝臣，清代诗人，著有《岫园诗稿》。

第156则

古谓禽兽亦知人伦[①]，予谓匪[②]独禽兽也，即草木亦复有之：牡丹为王，芍药为相[③]，其君臣也；南山之乔[④]，北山之梓[⑤]，其父子也；荆[⑥]之闻分而枯，闻不分而活，其兄弟也；莲之并蒂，其夫妇也；兰之同心，其朋友也。

江含徵曰：纲常伦理，今日几于扫地，合向花木、鸟兽中求之。又曰：心斋不喜迂腐，此却有腐气。

---

① 人伦：人与人之间的道德关系、纲常伦理、等级尊卑。
② 匪：非，不仅。
③ 相：即宰相。宰相是中国古代最高行政长官的通称。
④ 乔：乔木。指树身高大的树木。
⑤ 梓：梓树，属乔木植物，树体端正、叶大阴浓，是具有一定观赏价值的树种。
⑥ 荆：紫荆树，因其木似黄荆而色紫得名，喜光照，有一定的耐寒性，观赏性强。

第157则

豪杰[①]易于圣贤[②]，文人多于才子。

张竹坡曰：豪杰不能为圣贤，圣贤未有不豪杰，文人、才子亦然。

---

① 豪杰：指才能出众的人。
② 圣贤：即圣人与贤人的合称。指品德高尚，有超凡才智的人。

第158则

牛与马，一仕[①]而一隐[②]也；鹿与豕[③]，一仙而一凡也。

杜茶村曰：田单之火牛[4]亦曾效力疆场，至马之隐者，则绝无之矣。若武王归马[5]于华山之阳，所谓勒令致仕[6]者也。

张竹坡曰：谚云："莫与儿孙作马牛。"盖为后人审出处语也。

---

①仕：出仕，做官。

②隐：高隐，隐居。

③豕：音shǐ，猪。

④田单之火牛：讲的是战国齐人田单用火牛阵破燕军的故事。

⑤武王归马：周武王灭商之后，把战马放归华山。这就是"放马南山"的来历。

⑥致仕：辞官退休。

第159则

古今至文[1]，皆血泪所成。

吴晴岩[2]曰：山老《清泪痕》[3]一书，细看皆是血泪。

江含徵曰：古今恶文，亦纯是血。

---

①至文：指至美至佳的古文。

②吴晴岩：即吴肃公。

③《清泪痕》：清代张潮所作五十首诗的集子。

第160则

“情”之一字，所以[①]维持世界；“才”之一字，所以粉饰[②]乾坤。

吴雨若[③]曰：世界原从“情”字生出。有夫妇然后有父子，有父子然后有兄弟，有兄弟然后有朋友，有朋友然后有君臣。

释中洲曰：情与才，缺一不可。

---

① 所以：用以。
② 粉饰：点缀。
③ 吴雨若：即吴肃公。

第161则

孔子生于东鲁[①]，东者生方，故礼乐文章[②]，其道皆自无而有；释迦[③]生于西方，西者死地，故受想行识[④]，其教[⑤]皆自有而无。

吴街南曰：佛游东土，佛入生方；人望西天，岂知是寻死地。呜呼，“西方之人兮”，“之死靡他”[⑥]！

殷日戒曰：孔子只勉人生时用功，佛氏只教人死时作主，各自一意。

倪永清曰：盘古生于天心，故其人在不有不无之间。

① 东鲁：春秋时期鲁国在中国的东部，故称东鲁。

② 文章：制度。

③ 释迦：释迦牟尼（约前563—约483），本姓乔达摩，名悉达多，佛教创始人。

④ 受想行识：佛教语。指人对外界的各种感知和认识。

⑤ 教：教义。

⑥ 之死靡他：形容至死不变心，语出《诗经·鄘风·柏舟》。他，其他。

第162则

有青山方有绿水，水惟借色于山①；有美酒便有佳诗，诗亦乞灵②于酒。

李圣许曰：有青山绿水，乃可酌美酒而咏佳诗，是诗酒又发端于山水也。

① 借色于山：借助青山映衬。

② 乞灵：讨得灵感。

第163则

严君平①，以卜讲学者也；孙思邈，以医讲学者也；诸葛武侯②，以出师讲学者也。

殷日戒曰：心斋殆又以《幽梦影》讲学者耶？

戴田友[3]曰：如此讲学，才可称道学先生。

---

① 严君平：（前86—10），名遵，西汉道家学者、思想家，以卜筮为业，著有《老子道德真经指归》《易经骨髓》。

② 诸葛武侯：诸葛亮（181—234），字孔明，三国时期杰出的政治家、军事家、战略家、散文家，任蜀相，封武乡侯，故世称武侯。

③ 戴田友：戴名世（1653—1713），字田友，清代学者，著有《四书朱子大全》。

第164则

人则女美于男，禽则雄华于雌，兽则牝牡[1]无分者也。

杜于皇曰：人亦有男美于女者，此尚非确论。

徐松之[2]曰：此是茶村兴到之言，亦非定论。

---

① 牝牡：音pìn mǔ，兽类中雌称为牝，雄称为牡。

② 徐松之：徐崧（生卒年不详），字松之，清初文人，著有《百城烟水》。

第165则

镜不幸而遇嫫母[1]，砚[2]不幸而遇俗子，剑不幸而遇庸将，皆无可奈何之事。

杨圣藻曰：凡不幸者，皆可以此概之。

闵宾连曰：心斋案头无一佳砚，然诗文绝无一点尘俗气，此又砚之大幸也。

曹冲谷[3]曰：最无可奈何者，佳人定随痴汉。

---

① 嫫母：多指丑妇。嫫母，民间传说中的人物，相传她是黄帝第四妃，面貌丑陋。嫫，音 mó。

② 砚：砚台。

③ 曹冲谷：曹铨（生卒年不详），字冲谷，清代诗人，是曹寅的四兄，著有《雪窗诗集》。

第166则

天下无书则已，有则必当读；无酒则已，有则必当饮；无名山则已，有则必当游；无花月则已，有则必当赏玩；无才子佳人则已，有则必当爱慕怜惜。

弟木山曰：谈何容易？即吾家黄山，几能得一到耶？

第167则

秋虫春鸟，尚能调声弄舌，时吐好音[1]；我辈搦管拈毫[2]，岂可甘作鸦鸣牛喘？

张竹坡曰：宰相不问科律，而问牛喘，真是文章司命[3]。

吴菌次曰：牛若不喘，宰相安肯问之？

倪永清曰：世皆以鸦鸣牛喘为凤歌鸾唱，奈何！

---

① 好音：悦耳的声音。

② 搦管拈毫：喻执笔作文。搦，音 nuò，执。

③ 文章司命：掌管文人功名的神，即传说中的文昌君。

第168则

媸颜陋质①,不与镜为仇者,亦以镜为无知之死物②耳。使镜而有知③，必遭扑破④矣。

江含徵曰：镜而有知，遇若辈，早已回避矣。

张竹坡曰：镜而有知，必当化媸为妍。

---

① 媸颜陋质：指相貌丑陋的人。媸，音 chī，丑陋。

② 无知之死物：没有生命的物体。

③ 知：知道、晓得。

④ 扑破：摔破、摔坏。

第169则

吾家公艺①恃百忍以同居，千古传为美谈。殊不知忍而至于百,则其家庭乖戾②睽隔③之处,正未易更仆数④也。

江含徵曰：然除了一忍，更无别法。

顾天石曰：心斋此论，先得我心。忍以治家则可耳，奈何进之高宗，使忍以养成武氏之祸哉！

倪永清曰：若用“忍”字，则百犹嫌少，否则以“剑”字处之足矣。或曰“出家”二字足以处之。

王安节曰：惟其乖戾睽隔，是以要忍。

---

① 公艺：指唐代张公艺。张公艺（578—676），是我国历史上治家有方的典范，九世同居，和睦相处，传为美谈。

② 乖戾：（性情）古怪，不合情理。戾，音 lì 。

③ 睽隔：不和睦、别扭。睽，音 kuí 。

④ 更仆数：形容数量多，难以计量，数也数不过来。

第170则

九世同居，诚为盛事，然止当与割股①庐墓②者作一例看。可以为难③矣，不可以为法④也，以其非中庸之道⑤也。

洪去芜曰：古人原有父子异宫⑥之说。

沈契掌曰：必居天下之广居而后可。

---

① 割股：割下腿上的肉给父母吃以治病。

② 庐墓：父辈或师长去世后，在墓旁居住以尽孝。

③ 难：指难事。

④ 法：指标准、规范。

⑤ 中庸之道：儒家所定的最高道德标准，即不偏为中，不变为庸，折中调和的处世态度。

⑥ 父子异宫：指父亲和儿子分开居住。

第171则

作文之法[①]，意之曲折者，宜写之以显浅之词；理之显浅者，宜运之以曲折之笔。题之熟者[②]，参之以新奇之想；题之庸者，深之以关系之论[③]。至于窘者舒之使长，缛[④]者删之使简，俚[⑤]者文之使雅，闹者摄之使静，皆所谓裁制也。

陈康畴曰：深得作文三昧语。

张竹坡曰：所谓节制之师。

王丹麓曰：文家秘旨，和盘托出，有功作者不浅。

---

① 作文之法：指写文章的方法。

② 题之熟者：指常见的题目。

③ 论：论述，引申之义。

④ 缛：繁缛。

⑤ 俚：鄙俗。

第172则

笋为蔬中尤物，荔枝为果中尤物，蟹为水族中尤物，酒为饮食中尤物，月为天文中尤物，西湖为山水中尤物，词曲为文字中尤物。

张南村[①]曰：《幽梦影》可为书中尤物。

陈鹤山曰：此一则又为《幽梦影》中尤物。

① 张南村：张惣（1619—1694），字南村，清代诗人，著有《蘼芜庵集》《南村集》等。

第173则

买得一本[①]好花，犹且爱怜而护惜之，矧[②]其为解语花乎？

李若金曰：花能解语，而落于粗恶武夫，或遭狮吼戕贼，虽欲爱护何可得？

周星远曰：性至之语。“自是君身有仙骨，世人那得知其故”耶？

石天外曰：此一副心，令我念佛数声。

王司直曰：此言是恻隐之心，即是是非之心。

① 一本：一株、一棵。

② 矧：音 shěn，况且、何况。

第174则

观手中便面[1]，足以知其人之雅俗，足以识其人之交游。

李圣许曰：今人以笔资丐名人书画，名人何尝与之交游？吾知其手中便面虽雅，而其人则俗甚也。心斋此条，犹非定论。

毕嵎谷[2]曰：人苟肯以笔资丐名人书画，则其人犹有雅道存焉；世固有并不爱此道者。

钱目天曰：二语皆然。

---

① 便面：也叫屏面，古时遮面的扇状物，后把团扇、折扇也称为便面。

② 毕嵎谷：毕熙旸（生卒年不详），字嵎谷，清代学者，著有《佛解六篇》。

第175则

水为至污之所会归，火为至污之所不到，若变不洁而为至洁，则水火皆然。

江含徵曰：世间之物，宜投诸水火者不少，盖喜其变也。

渔家傲

雪里已知春信至，

寒梅点缀琼枝腻，

香脸半开娇旖旎，

当庭际，

玉人浴出新妆洗。

造化可能偏有意，

故教明月玲珑地。

共赏金尊沉绿蚁，

莫辞醉，

此花不与群花比。

——（宋）李清照

第176则

貌有丑而可观者，有虽不丑而不足观者；文有不通而可爱者，有虽通而极可厌者。此未易与浅人[①]道也。

李若金曰：究竟可观者必有奇怪处，可爱者必无大不通。

陈康畴曰：相马于牝牡骊[②]黄之外者，得之矣。

梅雪坪[③]曰：虽通而可厌，便可谓之不通。

---

① 浅人：指肤浅的人。

② 骊：指深黑色的马。

③ 梅雪坪：梅庚（1640—约1722），字子长，号雪坪，清初著名画家、诗人，画作有《敬亭棹歌图》《山水图》等，诗有《吴市吟》《天逸阁集》等。

第177则

游玩山水亦复有缘，苟机缘未至，则虽近在数十里之内，亦无暇到也。

张南村曰：予晤心斋时，询其曾游黄山否？心斋对以未游，当是机缘未至耳。

陆云士曰：余慕心斋者十年，今戊寅之冬[①]，始得一面。身到黄山，恨其晚而正未晚也。

① 戊寅之冬：指清代康熙三十七年（1698）冬天。

第178则

“贫而无谄[①]，富而无骄[②]”，古人之所贤也；贫而无骄，富而无谄，今人之所少也；足以知世风之降矣。

许来庵[③]曰：战国时已有“贫贱骄人”之说矣。

张竹坡曰：有一人一时而对此谄，对彼骄者，更难。

① 贫而无谄：虽然贫穷但不会巴结奉承，出自《论语·学而》。谄，音chǎn，谄媚。

② 富而无骄：即使富贵也不骄横狂妄，出自《论语·学而》。骄，骄矜、骄横。

③ 许来庵：即许承家。

第179则

昔人欲以十年读书，十年游山，十年检藏。予谓检藏尽可不必十年，只二三载足矣，若读书与游山，虽或相倍蓰[①]，恐亦不足以偿所愿也。必也如黄九烟[②]前辈之所云“人生必三百岁而后可”乎？

江含徵曰：昔贤原谓尽则安能，但身到处莫放过耳。

孙松坪曰：吾乡李长蘅[3]先生爱湖上诸山，有“每个峰头住一年”之句，然则黄九烟先生所云，犹恨其少。

张竹坡曰：今日想来，彭祖反不如马迁。

---

①倍蓰：数倍。蓰，音xǐ，五倍。

②黄九烟：即黄周星。

③李长蘅：李流芳（1575—1629），字长蘅、茂宰，号檀园、香海、古怀堂、沧庵，明代书画家，著有《檀园集》。

第180则

宁为小人之所骂，毋为君子之所鄙[1]；宁为盲主司[2]之所摈弃，毋为诸名宿[3]之所不知。

陈康畴曰：世之人自今以后，慎毋骂心斋也。

江含徵曰：不独骂也，即打亦无妨，但恐鸡肋不足以安尊拳耳。

张竹坡曰：后二句足少平吾恨。

李若金曰：不为小人所骂，便是乡愿[4]，若为君子所鄙，断非佳士。

---

①鄙：鄙弃。

②盲主司：指没有慧眼，不能识人才的主考官。

③名宿：指年高有名望的人。

④乡愿：指乡中貌似谨厚，实则不辨是非的伪善者。

第181则

傲骨不可无，傲心不可有。无傲骨则近于鄙夫[①]，有傲心不得为君子。

吴街南曰：立君子之侧，骨亦不可傲；当鄙夫之前，心亦不可不傲。

石天外曰：道学之言，才人之笔。

庞笔奴曰：现身说法，真实妙谛。

① 鄙夫：指人品鄙陋、见识浅薄的人。

第182则

蝉是虫中之夷齐[①]，蜂为虫中之管晏[②]。

崔青峙[③]曰：心斋可谓虫之董狐[④]。

吴镜秋[⑤]曰：蚊是虫中酷吏，蝇是虫中游客。

① 夷齐：即伯夷和叔齐。伯夷（生卒年不详），本名墨胎允，商末孤竹国君长子。叔齐（生卒年不详），本名墨胎致，商末孤竹国君次子。

② 管晏：即管仲和晏婴。管仲（前719—前645），被称为管子，是中国古代重要的政治家、军事家、思想家，也是先秦诸子中法家学派的代表人物。晏婴（前578—前500），字仲，谥平，习惯上多称平仲，又称晏子，是春秋时期著名政治家、思想家、外交家。

③ 崔青峙：崔岱齐（生卒年不详），字青峙，清代诗人，著有《坐啸轩琐言》。

④ 董狐：春秋时期晋国的史官。

⑤ 吴镜秋：吴雯炯（生卒年不详），字镜秋，清代画家，著有《香草词》《笠山草堂诗》等。

第183则

曰“痴”，曰“愚”，曰“拙”，曰“狂”，皆非好字面[①]，而人每乐居之；曰“奸”，曰“黠”，曰“强”，曰“佞”反是，而人每不乐居之。何也？

江含徵曰：有其名者无其实，有其实者避其名。世有奸黠强佞而貌托痴愚拙狂者，谓为不乐居，恐亦未必。

① 好字面：指褒意的字、词。

第184则

唐虞之际[①]，音乐可感鸟兽。此盖唐虞之鸟兽，故可感耳；若后世之鸟兽，恐未必然。

洪去芜曰：然则鸟兽亦随世道为升降耶？

陈康畴曰：后世之鸟兽，应是后世之人所化身，即不无升降，正未可知。

石天外曰：鸟兽自是可感，但无唐虞音乐耳。

毕右万曰：后世之鸟兽与唐虞无异，但后世之人迥不同耳。

---

① 唐虞之际：即尧、舜时期。相传尧曾被封于唐，故称唐尧。舜生于有虞氏，故称虞舜。

第185则

痛可忍，痒不可忍；苦可耐[1]，酸不可耐。

陈康畴曰：余见酸子[2]，偏不耐苦。

张竹坡曰：是痛痒关心语。

余香祖曰：痒不可忍，须倩麻姑[3]搔背。

释牧堂曰：若知痛痒、辨苦酸，便是居士悟处。

---

① 耐：忍耐，经受得起。

② 酸子：指贫穷而迂腐的读书人。

③ 麻姑：晋葛洪所撰《神仙传》中仙女，道教神话中的人物，据说其手如鸟爪。《神仙传》载，某人见麻姑手，心想："背大痒时，得此爪以爬背，当佳耳。"

第186则

镜中之影，着色[1]人物也；月下之影，写意人物也。镜中之影，钩边画也；月下之影，没骨画也。月中山河之影，天文中地理也；水中星月之象，地理中天文也。

恽叔子[②]曰：绘空镂影之笔。

石天外曰：此种着色写意，能令古今善画人一齐搁笔。

沈契掌曰：好影子俱被心斋先生画着。

---

①着色：涂上颜色。

②恽叔子：恽格（1633–1690），字寿平，又字正叔，亦称叔子，号南田，清代画家，著有《瓯香馆集》《南田诗钞》《南田画跋》等。

第187则

能读无字之书，方可得惊人妙句；能会难通之解，方可参[①]最上[②]禅机。

黄交三曰：山老之学，从悟而入，故常有彻天彻地之言。

---

①参：参破、参悟。

②最上：最高境界。

第188则

若无诗酒，则山水为具文[①]；若无佳丽，则花月皆虚设[2]。

袁翔甫补评曰：世间之辜负此山水、花月者，正不知几多地方、几多时日也。恨之恨之！

---

① 具文：空洞的文字、空话，与“虚文”意思相近。

② 虚设：形同虚设，实际上不起作用。

第189则

才子而美姿容，佳人而工著作[1]，断不能永年[2]者，匪独为造物之所忌[3]。盖此种原不独[4]为一时之宝，乃古今万世之宝，故不欲久留人世以取亵[5]耳。

郑破水曰：千古伤心，同声一哭。

王司直曰：千古伤心者，读此可以不哭矣。

---

① 工著作：善于诗书作画。

② 永年：长寿。

③ 忌：妒忌。

④ 独：仅仅。

⑤ 亵：玷污、轻慢。

第190则

陈平[①]封曲逆侯，《史》《汉》注皆云“音去遇”，予谓此是北人土音[②]耳，若南人四音俱全，以仍当读作本音为是。北人于唱曲之曲，亦读如去字。

孙松坪曰：曲逆今完县也，众水潆洄，势曲而流逆。予尝为土人订之，心斋重发吾覆[③]矣。

---

① 陈平：(前？—前178)，秦末农民起义时，初随项羽，后投刘邦，是西汉王朝的开国功臣之一。

② 北人土音：北方多数地区语音中无入声，曲、逆两字读去、遇。

③ 发吾覆：解开我的谜团，揭除迷障。

第191则

古人四声俱备，如“六国”二字，皆入声也。今梨园演苏秦[①]剧，必读六为溜，读国为鬼，从无读入声者。然考之《诗经》，如“良马六之”、“无衣六兮”之类，皆不与去声叶[②]，而叶祝、告、燠；国字皆不与去声叶，而叶入陌质韵。则是古人似亦有入声，未必尽读六为溜、读国为鬼也。

弟木山曰：梨园演苏秦，原不尽读六国为溜鬼，大抵以曲调为别，若曲是南调，则仍读入声也。

① 苏秦：（前？—前 284），字季子，战国时著名游说家。
② 叶：音 xié，同“协”，叶韵。

第192则

闲人[①]之砚固欲其佳，而忙人之砚尤不可不佳。娱情之妾固欲其美，而广嗣[②]之妾亦不可不美。

江含徵曰：砚美下墨可也，妾美招妒奈何？

张竹坡曰：妒在妾，不在美。

① 闲人：指悠闲自得、随心而生活的人。
② 广嗣：多生子嗣。

第193则

如何是独乐乐？曰：鼓琴。如何是与人乐乐？曰：弈棋。如何是与众乐乐？曰：马吊[①]。

蔡铉升[②]曰：独乐乐，与人乐乐，孰乐？曰：不若与人。与少乐乐，与众乐乐，孰乐？曰：不若与少。

王丹麓曰：我与蔡君异，独畏人为鬼阵[③]，见则必乱其局而后已。

① 马吊：古时的一种纸牌游戏。

② 蔡铉升：蔡䥇（生卒年不详），字铉升，清代诗人，著有《香草堂集》。

③ 鬼阵：围棋的别称。

第194则

不待教而为善为恶者，胎生也；必待教而后为善为恶者，卵生也；偶因一事之感触而突然为善为恶者，湿生①也；如周处②、戴渊③之改过，李怀光④反叛之类。前后判若两截，究非一日之故者，化生⑤也。如唐玄宗、卫武公⑥之类。

袁翔甫补评曰：不能为善、不能为恶者，枉生也。

① 湿生：佛教语。众生四种形态之一，由湿润之气而生，如小虫、蛾子之类。

② 周处：（238—299），字子隐，义兴阳羡人，传说他早年为祸乡里，后来改过自新，成为晋朝名臣。

③ 戴渊：（269—322），字若思，广陵郡人，他任性游侠，后经陆机劝说，悔过自新，成为东晋名将。

④ 李怀光：（729—785），唐代将领，他拥兵自重，背叛唐朝。

⑤ 化生：佛教语。众生四种形态之一，指无所依托，忽然而生。

⑥ 卫武公：（约852—758），春秋时期卫国第十一任君主。

第195则

凡物皆以形用，其以神用者，则镜也，符印[1]也，日晷也，指南针也。

袁中江曰：凡人皆以形用，其以神用者，圣贤也，仙也，佛也。

黄虞外士曰：凡物之用皆形，而其所以然者神也。镜凸凹而易其肥瘦，符印以专一而主其神机，日晷以恰当而定准则，指南以灵动而活其针缝，是皆神而明之，存乎人类。

---

① 符印：符节印信等凭证物的统称。

第196则

才子遇才子，每有怜才之心；美人遇美人，必无惜美之意。我愿来世托生为绝代佳人，一反其局[1]而后快。

陈鹤山曰：谚云："鲍老[2]当筵笑郭郎[3]，笑他舞袖太郎当[4]。若教鲍老当筵[5]舞，转更郎当舞袖长。"则为之奈何！

郑蕃修曰：俟心斋来世为佳人时再议。

余湘客曰：古亦有"我见犹怜"[6]者。

倪永清曰：再来时不可忘却。

① 一反其局：指改变美人之间相互忌妒的情形。
② 鲍老：古代戏剧中的脚色名。
③ 郭郎：古代戏剧中的脚色名。
④ 郎当：形容衣服宽大而不合身。
⑤ 当筵：在筵席上。
⑥ 我见犹怜：形容女子容貌动人。

第197则

予尝欲建一无遮大会[①]，一祭历代才子，一祭历代佳人。俟遇有真正高僧，即当为之。

顾天石曰：君若果有此盛举，请迟至二三十年之后，则我亦可以拜领盛情也。

释中洲曰：我是真正高僧，请即为之，何如？不然，则此二种沉魂滞魄，何日而得解脱耶？

江含徵曰：折柬[②]虽具，而未有定期，则才子佳人，亦复怨声载道。又曰：我恐非才子而冒为才子，非佳人而冒为佳人，虽有十万八千母陀罗[③]臂，亦不能具香厨[④]法膳[⑤]也。心斋以为然否？

释远峰[⑥]曰：中洲和尚不得夺我施主！

① 无遮大会：佛教举行的一种以布施为主的法会，每五年举行一次，不分贤圣道俗、贵贱上下，平等进行财施和法施。

② 折柬：指请柬。

③ 母陀罗：佛教语。意为菩萨的手印。

④ 香厨：僧人的食物。

⑤ 法膳：帝王的饭食。

⑥ 释远峰：法名行溗，字法音，号远峰，清代僧人。

第198则

圣贤者，天地之替身。

石天外曰：此语大有功名教[①]，敢不伏地拜倒！

张竹坡曰：圣贤者，乾坤之帮手。

---

① 名教：指以正名定分为主的礼数。

第199则

天极不难做，只须生仁人君子有才德者二三十人足矣。君一，相一，冢宰[①]一，及诸路总制抚军是也。

倪永清曰：天若都生善人，君相皆当袖手，便可无为而治。

黄九烟曰：吴歌有云："做天切莫做四月天。"可见天亦有难做之时。

江含徵曰：天若好做，又不须女娲氏补之。

尤谨庸曰：天不做天，只是做梦，奈何奈何！

陆云士曰：极诞极奇之话，极真极确之话。

---

① 冢宰：官名，即太宰。掌管天下官吏选拔、封勋、考课的事务。

第200则

掷“升官图”[①]，所重在德，所忌在赃[②]；何一登仕版[③]，辄与之相反耶？

江含徵曰：所重在德，不过是要赢几文钱耳。

沈契掌曰：仕版原与纸版不同。

---

① 升官图：古代流行的一种赌博游戏。

② 赃：贪赃枉法。

③ 仕版：官吏名册，代指仕途。

第201则

动物中有三教[①]焉：蛟龙、麟凤之属，近于儒者也；猿、狐、鹤、鹿之属，近于仙者也；狮子、牯牛之属，近于释者也。植物中有三教焉：竹、梧、兰、蕙之属，近于儒者也；蟠桃、老桂之属，近于仙者也；莲花、薝葡[②]之属，近于释者也。

顾天石曰：请高唱《西厢》[3]一句："一个通彻三教九流！"

石天外曰：众人碌碌，动物中蜉蝣[4]而已；世人峥嵘，植物中荆棘而已。

---

①三教：儒、道、释。

②薝蔔：花名，原产印度，义译为郁金花，为佛教常用纹饰。唐宋以来被视为"禅友"。

③《西厢》：指元代王实甫的杂剧《西厢记》。

④蜉蝣：虫名，指微小的虫子。

第202则

佛氏云："日月在须弥山[1]腰"，果尔[2]，则日月必是绕山横行而后可，苟有升有降，必为山巅所碍[3]矣。又云"地上有阿耨达池[4]，其水四出，流入诸印度"；又云："地轮之下为水轮，水轮之下为风轮，风轮之下为空轮。"余谓此皆喻言人身也：须弥山喻人首，日月喻两目，池水四出喻血脉流通，地轮喻此身，水为便溺，风为泄气，此下则无物矣。

释远峰曰：却被此公道破。

毕右万曰：乾坤交后，有三股大气：一呼吸，二盘旋，三升降。呼吸之气在八卦为震巽，在天地为风雷、为海潮，在人身为鼻息。盘旋之气在八卦为坎离，在天地为日月，在人身为两目、为指尖发顶罗纹，在草木为树节蕉心。升降之气在八卦为艮兑，在天地为山泽，在人身为髓液便溺、为头颅肚腹，在草木为花叶之萌凋，为树梢之向天、树根之入地。知此而寓言之出于二氏者，皆可类推而悟。

---

① 须弥山：为古印度神话中的山名，佛教之宇宙观沿用，其为耸立于一小世界中央之高山，以此山为中心而形成须弥世界。

② 果尔：果真如此。

③ 碍：阻挡。

④ 阿耨达池：相传为阎浮提四大河之发源地。又作清凉地、无热恼地。

第203则

苏东坡和[1]陶诗尚遗数十首，予尝欲集坡句以补之，苦于韵之弗备而止。如《责子》诗中“不识六与七，但觅梨与栗”，“七”字“栗”字皆无其韵也。

袁翔甫补评曰：凡古人已亡未竟之作，后人补之，卒不能佳。如束哲补《由庚》，元次山补《咸英》《九渊》，皮日休补《九夏》，裴光庭补《新宫》《茅鹅》，其词虽在，读之者寡。虽以坡句补坡诗，然何如不补之为妙也？

---

① 和：指用与原诗同样的韵写诗。

第204则

予尝[1]偶得[2]句，亦殊可喜，惜无佳对，遂未成诗。其一为“枯叶带虫飞”，其一为“乡月大于城”，姑存之，以俟[3]异日[4]。

袁翔甫补评曰：单词只句，亦足以传，何必足虎耶？如“满城风雨近重阳”之类是也。

---

① 尝：曾经。

② 偶得：偶然得到。

③ 俟：音sì，等待。

④ 异日：他日。

第205则

“空山无人，水流花开”[1]二句，极琴心[2]之妙境；“胜固欣然，败亦可喜”[3]二句，极手谈[4]之妙境；“帆随湘转，望衡九面”[5]二句，极泛舟之妙境；“胡然而天，胡然而帝”[6]二句，极美人之妙境。

袁翔甫补评曰：此等妙境，岂钝根人领略得来？

---

① 空山无人，水流花开：语出晚唐诗人司空图《廿四诗品》。

② 琴心：指抚琴寄托的思想。

③ 胜固欣然，败亦可喜：语出苏轼《观棋》：“小儿近道，剥啄信指。胜固欣然，

败亦可喜。优哉游哉，聊复尔耳。"

④ 手谈：指下围棋。

⑤ 帆随湘转，望衡九面：语出《水经注》："衡山东南二面，临映湘川。自长沙至此，江湘七百里中，有九向九背。故渔歌曰'帆随湘转，望衡九面'。"

⑥ 胡然而天，胡然而帝：语出《诗经·鄘风·君子偕老》："胡然而天也，胡然而帝也。"

第206则

镜与水之影，所受者[①]也。日与灯之影，所施者[②]也。月之有影，则在天者为受，而在地者为施也。

郑破水曰："受""施"二字，深得阴阳之理。

庞天池曰：幽梦之影，在心斋为施，在笔奴为受。

① 所受者：指接受者。

② 所施者：指施与者。

第207则

水之为声有四：有瀑布声，有流泉声，有滩声，有沟浍声[①]。风之为声有三：有松涛声，有秋叶声，有波浪声。雨之为声有二：有梧、蕉、荷叶上声，有承檐溜竹筒中声[②]。

弟木山曰：数声之中，惟水声最为可厌，以其无已时，甚聒人耳也。

---

① 沟浍声：指田间水渠中流水的声音。浍，音 kuài。
② 承檐溜竹筒中声：指屋檐下竹制水槽里的滴答声。

第208则

文人每好鄙薄富人，然于诗文之佳者，又往往以金玉、珠玑、锦绣誉之，则又何也？

陈鹤山曰：犹之富贵家张[①]山臞野老[②]、落木荒村之画耳。

江含徵曰：富人嫌其悭且俗耳，非嫌其珠玉文绣也。

张竹坡曰：不文虽穷可鄙，能文虽富可敬。

陆云士曰：竹坡之言，是真公道说话。

李若金曰：富人之可鄙者在吝。或不好书史，或畏交游，或趋炎热而轻忽寒士。若非然者，则富翁大有裨益人处，何可少之？

---

① 张：张贴，悬挂。
② 山臞野老：指村野之人。臞，音 qú 。

第209则

能闲世人之所忙者，方能忙世人之所闲。

袁翔甫补评曰：闲里着忙是朦懂[①]汉，忙里偷闲出短命相。

① 朦懂：糊涂。

第210则

先读经，后读史，则论事不谬[①]于圣贤；既读史，复读经，则观书不徒[②]为章句[③]。

黄交三曰：宋儒语录中不可多得之句。

陆云士曰：先儒著读书法，累牍连章，不若心斋数言道尽。

王宓草曰：妄论经史者，还宜退而读经。

① 谬：违背、偏离。

② 不徒：不仅仅，不但。

③ 章句：文章的章节和句子。

第211则

居城市中，当以画幅当山水，以盆景当苑囿，以书籍当朋友。

周星远曰：究是心斋，偏重独乐乐。

王司直曰：心斋先生置身于画中矣。

第212则

乡居须得良朋始佳。若田夫樵子[①]，仅能辨五谷而测晴雨，久且数未免生厌矣。而友之中，又当以能诗为第一，能谈次之，能画次之，能歌又次之，解觞政者[②]又次之。

江含徵曰：说鬼话者又次之。

殷日戒曰：奔走于富贵之门者，自应以善说鬼话为第一，而诸客次之。

倪永清曰：能诗者必能说鬼话。

陆云士曰：三说递进，愈转愈妙，滑稽之雄。

---

① 田夫樵子：指种田、砍柴之人。

② 解觞政者：指唱酒的朋友。觞，音 shāng，盛酒的杯子。

第213则

玉兰，花中之伯夷也，高而且洁；葵，花中之伊尹[①]也，倾心向日；莲，花中之柳下惠也，污泥不染；鹤，鸟中之伯夷也，仙品；鸡，鸟中之伊尹也，司晨[②]；莺，鸟中之柳下惠也，求友。

袁翔甫补评曰：蝉，虫中之伯夷也；蜂，虫中之伊尹也；蜻蜓，虫中之柳下惠也。

---

① 伊尹：商汤时期贤臣，姓伊，一说名挚，辅助商汤灭夏朝，为商朝建立立下汗马功劳。

② 司晨：公鸡报晓，这里比喻起得早、勤于政务。

第214则

无其罪而虚受恶名者，蠹鱼[①]也；蛀书之虫另是一种，其形如蚕蛹而差[②]小。有其罪而恒[③]逃清议[④]者，蜘蛛也。

张竹坡曰：自是老吏断狱。

李若金曰：予尝有除蛛网说，则讨之未尝无人。

---

① 蠹鱼：指蛀蚀衣物和书籍的虫子。蠹，音 dù。

② 差：略微。

③ 恒：总是。

④ 清议：公正的舆论。

第215则

臭腐化为神奇，酱也，腐乳也，金汁[1]也。至神奇化为臭腐，则是物皆然。

袁中江曰：神奇不化臭腐者，黄金也，真诗文也。

---

① 金汁：民间中药名，又名金水或粪清。指将收集来的粪便经过发酵后滤出的汁液。

第216则

黑与白交，黑能污白，白不能掩黑；香与臭混，臭能胜香，香不能敌臭。此君子、小人相攻之大势[1]也。

弟木山曰：人必喜白而恶黑，黜臭而取香，此又君子必胜小人之理也。理在，又乌论乎势？

石天外曰：余尝言于黑处着一些白，人必惊心骇目，皆知黑处有白；于白处着一些黑，人亦必惊心骇目，以为白处有黑。甚矣，君子之易于形短，小人之易于见长！此不虞之誉[2]、求全之毁所由来也。读此慨然！

倪永清曰：当今以臭攻臭者不少。

---

① 大势：情形、局势。

② 不虞之誉：没有料想到或意想不到的赞扬。

第217则

“耻”之一字，所以治君子[1]；“痛”之一字，所以治[2]小人。

张竹坡曰：若使君子以耻治小人，则有耻且格[3]；小人以痛报君子，则尽忠报国。

---

①所以治君子：是用来制约君子的办法。

②治：自我检点以惩治。

③格：这里指归顺于正道。

第218则

镜不能自照，衡[1]不能自权[2]，剑不能自击。

倪永清曰：诗不能自传，文不能自誉。

---

①衡：秤、秤杆。

②自权：指自己测定自身的重量。

第219则

古人云：诗必穷而后工。盖穷则语多感慨，易于见长耳。

若富贵中人，既不可忧贫叹残，所谈者不过风云月露[①]而已，诗安得佳？苟思所变，计惟有出游一法。即以所见山川风土、物产人情，或当疮痍兵燹[②]之余，或值旱涝灾祲[③]之后，无一不可寓之诗中，借他人之穷愁以供我之咏叹，则诗亦不必待穷而后工也。

张竹坡曰：所以郑监门[④]《流民图》独步千古。

倪永清曰：得意之游，不暇作诗；失意之游，不能作诗。苟能以无意游之，则眼光识力，定是不同。

尤悔庵曰：世之穷者多，而工诗者少，诗亦不任受过也。

---

① 风云月露：指风花雪月、绮丽浮靡的诗文。

② 疮痍兵燹：比喻遭受破坏或遭受灾害后的景象和人民疾苦。燹，音xiǎn，火。

③ 灾祲：灾难。祲，音jìn。

④ 郑监门：郑侠（1041—1119），字介夫，北宋诗人，曾绘《流民图》献宋神宗。著有《西塘集》《西塘先生文集》等。

幽梦影跋一

抱异疾者多奇梦，梦所未到之境，梦所未见之事，以心为君主之官，邪干[①]之故如此。此则病也，非梦也。至若梦木撑天，梦河无水，则休咎[②]应之；梦牛尾，梦蕉鹿，则得失应之。此则梦也，非病也。心斋之《幽梦影》，非病也，非梦也，影也。影者维何？石火之一敲，电光之一瞥也，东坡所谓“一掉头时生老病，一弹指顷去来今”也。昔人云：“芥子具须弥”[③]，而心斋则于倏忽[④]备古今也。此因其心闲手闲，故弄墨如此之闲适也。心斋盖长于勘梦者也，然而未可向痴人说也。

寓东淘香雪斋江之兰草

① 干：侵扰。

② 休咎：吉凶、善恶。

③ 芥子具须弥：形容佛法无边，神通广大。佛教认为，芥子和须弥可以互相容纳，通融无碍。芥子，极小之物。须弥，高广之地。

④ 倏忽：极短的时间。倏，音 shū 。

幽梦影跋二

余习闻《幽梦影》一书着墨不多，措词极隽，每以未获一读为恨事。客秋，南沙顾耐圃茂才示以钞本，展玩之馀，爱不释手；所惜尚有残阙，不无馀憾。今从同里袁翔甫大令处，见有刘君式亭所赠原刊之本，一无遗漏，且有同学诸君评语，尤足令人寻绎。间有未评数条，经大令[1]一一补之，功媲[2]娲皇[3]，允称全璧[4]。爰乞重付手民[5]，冀可流传久远，大令欣然曰：诺。故略志[6]其颠末[7]云。

光绪五年岁次己卯冬十月

仁和葛元煦理斋氏识

---

① 大令：对县令的尊称。

② 媲：音 bì，比。

③ 娲皇：女娲。

④ 全璧：原指女娲补天，天得以全。这里指大令补刻《幽梦影》，使书得以完整。

⑤ 手民：指刻书的工人。

⑥ 志：记录。

⑦ 颠末：始末。

幽梦影跋三

昔人云：梅花之影，妙于梅花。窃意影子何能妙于花？惟花妙则影妙，枝干扶疏，自尔天然生动。凡一切文字语言，总是才人影子，人妙则影自妙。此册一行一句，非名言即韵语，皆从胸次体验而出，故能发人警省。片玉碎金，俱可宝贵，幽人梦境，读者勿作影响[①]观可矣。

南村张惣识

① 影响：影子、声响，这里作空泛无据解释。

幽梦影跋四

昔人著书，间附评语，若以评语参错书中，则《幽梦影》创格[①]也。清言隽旨，前於后喁[②]，令读者如入真长[③]座中与诸客周旋，聆其謦咳[④]，不禁色舞眉飞，洵翰墨中奇观也。书名曰“梦”、曰“影”，盖取六如[⑤]之意。饶广长舌，散天女花，心灯意蕊，一印[⑥]印空，可以悟矣。

乙未[⑦]夏日震泽杨复吉[⑧]识

---

① 创格：创新风格或样式。

② 前於后喁：指相和之声。喁，音 yóng。

③ 真长：刘惔（生卒年不详），字真长，晋穆帝永和年间名士之首，晋陵太守刘耽之子。

④ 謦咳：言笑谈吐。

⑤ 六如：佛教认为世事变幻无常，尤如梦、幻、泡、影、露、电，也称六喻。

⑥ 印：印证。

⑦ 乙未：指清代乾隆四十年（1775）。

⑧ 杨复吉：（1747—1820），清代学者、散文家，著有《梦阑锁笔》《乡学楼学古文》等。

卷二

幽梦续影

【清】朱锡绶/著

片片錦紅呈錦樣清溪
倒照映山紅
芊丁

杜鹃花词

杜鹃花时夭艳然，

所恨帝城人不识。

丁宁莫遣春风吹，

留与佳人比颜色。

——（唐）施肩吾

幽梦续影序

吾师镇洋朱先生[①]，名锡绶，字撷筠，盛君大士高足弟子也。著作甚富，屡困名场，后作令湖北，不为上官所知，郁郁以殁。祖荫髫龀[②]之年，奉手受教，每当岸帻奋麈，陈说古今，亹亹发蒙，使人不倦。自咸丰甲寅，先生作吏南行，遂成契阔。先生诗集已刊，板毁于火，他著述亦不存，仅从亲知传写，得此一编。大率皆阅世观物、涉笔排闷之语，元题曰《幽梦续影》，略如屠赤水、陈麇公所为小品，诸书虽绮语小言，而时多名理。祖荫不忍使先生语言文字无一二存于世间，辄为锓板，以贻胜流。屋乌储胥，聊存遗爱，然流传止此，益用感伤。昔宋明儒门弟子刊行其师语录，虽琐言鄙语，皆为搜存，不加芟饰；此编之刊，犹斯志也。

光绪戊寅四月门人潘祖荫[③]记

---

① 朱先生：指《幽梦续影》之作者朱锡绶，江苏镇洋（今太仓）人。字啸筼，

或称字撷筠、啸筠、筱云等，道光十六年（1846）举人，官知县，能诗，工绘画。

② 觿韘：音 xī shè，古人常佩的两种骨制饰物，代指童年。

③ 潘祖荫：（1830—1890），字在钟，小字凤笙，号伯寅，亦号少棠，清代书法家、藏书家，著有《西陵日记》《芬陀利室词》等。

第1则

真嗜[1]酒者气雄[2]，真嗜茶者神清[3]，真嗜笋者骨臞[4]，真嗜菜根[5]者志远[6]。

粟隐师云：余拟赠啸筠楹帖曰：“神清半为编《茶录》，志远真能嗜菜根。”

---

①嗜：喜爱。

②气雄：气魄雄健。

③神清：心境清朗。

④骨臞：骨相清奇。臞，音 qú。

⑤菜根：指野菜之类。

⑥志远：志向高远。

第2则

鹤令人逸[1]，马令人俊，兰令人幽，松令人古[2]。

华山词客云：蛩令人愁，鱼令人闲，梅令人瘦，竹令人峭。

---

①逸：潇洒飘逸，安闲超脱。

②古：落落高古，古穆质朴。

第3则

善贾[①]无市井气，善文无迂腐气。

张石顽[②]云：善兵无豪迈气。

---

①善贾：善于经商。贾，音 gǔ。

②张石顽：（1617—1701），名璐，字路玉，号石顽老人，清初医学家，著有《张氏医通》。

第4则

学导引[①]是眼前[②]地狱，得科第是当世轮回[③]。

陆眉生云：昵倡优是眼下恶道。

---

①导引：古代养生之术。指呼吸吐纳，屈伸俯仰，活动关节，与现代的柔软体操相近似。

②眼前：指当下、跟前。

③当世轮回：指现世报应。

第5则

求忠臣必于孝子。余为下一转语云：求孝子必于情人。

熊蓑舲云：情人又安所求之？

王问莱云：必也，其在动心忍性中。

第6则

造化，善杀风景者也。其尤甚者，使高僧迎显宦[①]，使循吏[②]困下僚[③]，使绝世之姝[④]习弦索[⑤]，使不羁之士[⑥]累[⑦]米盐。

补桐生云：和尚四大皆空，虽迎显宦，无有显宦。

---

① 显宦：指古代职位高、声势显赫的官吏。

② 循吏：指奉公守法的官吏。

③ 困下僚：得不到升迁。下僚，职位低微的官吏。

④ 姝：女子。

⑤ 习弦索：学习弦乐器，此处指成为艺妓。

⑥ 不羁之士：不愿受拘束的人。

⑦ 累：受困于。

第7则

日间多静坐，则夜梦不惊。一月多静坐，则文思[①]便逸。

黄鹤笙云：甘苦自得。

---

① 文思：写作思路，文章意境。

第8则

观虹销雨霁时，是何等气象；观风回海立时，是何等声势。

陆又珊云：我师意殆谓改过宜勇，迁善[①]宜速。

① 迁善：去恶从善。

第9则

贪人之前莫炫[①]宝，才人之前莫炫文，险人[②]之前莫炫识[③]。

悼秋云：妒妇之前莫炫色。

忏绮生云：妄人之前莫炫才。

① 莫炫：切勿炫耀。
② 险人：指阴险奸诈的小人。
③ 识：见识。

第10则

文人富贵，起居便带市井；富贵能诗，吐属[①]便带寒酸。

华山词客云：不顾俗眼惊。

王寅叔云：黄白[②]是市井家物，风月是寒酸家物。

---

①吐属：言语谈吐。

②黄白：金银财宝。

第11则

花是美人后身[①]：梅，贞女也；梨，才女也；菊，才女之善文章者也；水仙，善诗词者也；荼蘼，善谈禅者也；牡丹，大家中妇[②]也；芍药，名士之妇也；莲，名士之女也；海棠，妖姬[③]也；秋海棠，制于悍妇之艳妾也；末丽，解事雏鬟也；木夫容，中年诗婢[④]也。惟[⑤]兰为绝代美人，生长名阀，耽于[⑥]词画，寄心清旷，结想琴筑[⑦]，然而闺中待字[⑧]，不无迟暮[⑨]之感。优此则绌彼[⑩]，理有固然，无足怪者。

眉影词人云：桂，富贵家才女也；剪秋罗，名士之婢妾也。

省缘师云：普愿天下勿栽秋海棠。

---

①后身：这里是转世的意思。

②大家中妇：指大户人家中的夫人。

③妖姬：指妖艳的女子。

④ 中年诗婢：指会写诗的中年婢女。

⑤ 惟：只有。

⑥ 耽于：迷恋于，沉溺于。

⑦ 结想琴筑：指能用音乐表达自己的感情。

⑧ 待字：待出嫁。

⑨ 迟暮：年岁渐长。

⑩ 优此则绌彼：形容在一方面优越了，在另一方面就会有欠缺。

第12则

能食淡饭[①]者，方许尝异味；能溷市嚣者[②]，方许游名山；能受折磨者，方许处功名。

郑庵云：然则失子何以不豫色然？

---

① 淡饭：粗茶淡饭。

② 能溷市嚣者：指能耐得住闹市喧嚣烦杂的人。溷，音 hùn，混迹。

第13则

非真空[①]不宜谈禅；非真旷[②]，不宜饮酒。

莲衣云：居士奈何自信真空。

香祖主人云：始知吾辈大半假托空旷。

---

① 真空：真正的空明心境。

② 真旷：真正的旷达襟怀。

第14则

雨窗作画，笔端便染烟云；雪夜哦诗，纸上如洒冰霰[①]：是谓善得天趣[②]。

诗钵云：君师盛兰雪先生云："冰雪窖中人对语，更于何处着尘埃？"冷况仿佛。

① 冰霰：晶莹的雪粒，即下雪前或下雪时降落的白色小冰粒。

② 善得天趣：善于捕捉天然情趣。

第15则

凶年[①]闻爆竹，愁眼见灯花，客途得家书，病后友人邀听弹琴，俱可破涕为笑。

沈石生云：客中[②]病后，凶年愁眼，奈何？

① 凶年：荒年。

② 客中：旅途之中，旅居他乡。

第16则

观门径[①]可以知品[②]，观轩馆[③]可以知学，观位置可以知经济，观花卉可以知旨趣，观楹帖[④]可以知吐属[⑤]，观图书可以知胸次[⑥]，观童仆可以知器宇。访友不待亲接言笑也。

香祖主人云：此君随地用心，吾甚畏之！

① 门径：亦作“门迳”，指门前的小路。
② 品：品位。
③ 轩馆：指长廊和精舍。
④ 楹帖：即对联。
⑤ 吐属：文章谈吐。
⑥ 胸次：胸襟、胸怀。

第17则

余亦有三恨：一恨山僧多俗，二恨盛暑多蝇，三恨时文[①]多套。

赵享帚云：第三恨务请释之。

① 时文：即应试的文章，明清时期称八股文为时文。

第18则

蝶使之俊，蜂使之雅，露使之艳，月使之温，庭中花斡旋造化者也。使名士[①]增情，使美人增态，使香炉茗碗增奇光，使图画书籍增活色，室中花附益造化者也。

星农云：啸筠之画庭中花，啸筠之诗室中花。

① 名士：指古代以学术诗文等著称的知名人士。

第19则

无风雨，不知花之可惜，故风雨者，真惜花者也。无患难不知才之可爱，故患难者，真爱才者也。风雨不能因惜花而止，患难不能因爱才而止。

仙洲云：晴日则花之发泄[①]大甚，富贵则才之剥削大甚。故花养于轻阴[②]，才醇于微晦。

① 发泄：亦作“发洩”。散发、舒散。

② 轻阴：指疏淡的树荫。

第20则

琴不可不学，能平才士[①]之骄矜；剑不可不学，能化书生之懦怯。

香轮词客云：中散[②]善琴，去不得“骄矜”[③]二字。

毕雄伯云：气静则骄矜自化，何必学琴？气充则懦怯自除，何必学剑？

---

① 才士：有才德之士，有才华的人。

② 中散：即三国人嵇康，他擅长抚琴，有《广陵散》传世。因其曾官至中散大夫，故有此称。

③ 骄矜：骄傲自负。

第21则

美味以大嚼尽之，奇境以粗游了之，深情以浅语传之，良辰以酒食度[①]之，富贵以骄奢处之，俱失造化本怀。

张企崖云：黄白以惶吝守之，翻似曲体造化。

---

① 度：度过、消磨。

金琅璫
半丁

紫藤

绿蔓秋阴紫袖低，
客来留坐小堂西。
醉中掩瑟无人会，
家近江南罨画溪。

——（唐）许浑

第22则

楼[①]之收远景者，宜游观不宜居住；室之无重门者，便启闭[②]不便储藏。庭广则爽，冬累于风；树密则幽，夏累于蝉。水近可以涤暑[③]，蚊集中宵[④]；屋小可以御寒，客窘炎午。君子观居身无两全，知处境无两得。

少郭云：诚如君言，天下何者为安宅？

---

① 楼：楼阁。

② 启闭：开关（门），开和（门）。

③ 涤暑：减缓暑气。

④ 中宵：中夜、半夜。

第23则

忧时勿纵酒，怒时勿作札[①]。

粟隐师云：非杜康[②]，何以解忧？

---

① 作札：写书信。

② 杜康：中国古代传说中的“酿酒始祖”，后世以之作为酒的代称。

第24则

不静坐，不知忙之耗神者速；不泛应[1]，不知闲之养神者真。

钱云在曰：不阅历[2]，不知《幽梦续影》之说理者精。

① 不泛应：不经历泛泛无目的的应酬。
② 不阅历：不亲身见过、听过或做过。

第25则

笔苍[1]者学为古[2]，笔隽[3]者学为词，笔丽[4]者学为赋，笔肆[5]者学为文[6]。

蓑舲云：笔高浑者学为诗。

① 笔苍：笔力苍劲。
② 古：指写古体诗。
③ 隽：通“俊”。
④ 笔丽：指华丽、绮靡的文句。
⑤ 肆：行文奔放。
⑥ 文：指写散文。

第26则

读古碑宜迟，迟则古藻徐呈①；读古画宜速，速则古香顿溢；读古诗宜先迟后速，古韵以抑而后扬；读古文宜先速后迟，古气以挹而愈永②。

梅亭云：若得摩诘辋川真本，肯使其古香顿溢乎。

① 徐呈：渐渐地呈现。

② 挹而愈永：形容古色古香历久弥新。

第27则

物随息①生，故数息可以致寿②；物随气灭，故任气③可以致夭。欲长生只在呼吸求之，欲长乐只在和平来之。

澹然翁云：信数息而不信导引，何耶?

① 息：呼吸。

② 致寿：达到长寿。

③ 任气：任性使气。

第28则

雪之妙在能积，云之妙在不留，月之妙在有圆有缺。

二如云：月妙在缺，天下更无恨事。

香轮云：山之妙在峰回路转，水之妙在风起波生。

第29则

为雪朱阑[①]，为花粉墙[②]，为鸟疏枝[③]，为鱼广池，为素心[④]开三径[⑤]。

梅华翁云：一、二句画理，三、四句天机，五句古人风。

---

① 朱阑：涂红栏杆。

② 粉墙：刷白墙面。

③ 疏枝：修剪树枝。

④ 素心：本心，真纯的心。

⑤ 三径：亦作“三迳”，意为归隐者的家园。语出晋代赵岐《三晋决录·逃名》。

第30则

筑园必因石，筑楼必因树，筑榭[①]必因池，筑室必因花。

春山云：园亭之妙，一字尽之曰：“借”，即“因”之类耳。

---

① 榭：指建在高土台或水面（或临水）上的木屋。

第31则

梅绕平台，竹藏幽院，柳护朱楼，海棠依阁，木犀[①]匝[②]庭，牡丹对书斋，藤花蔽绣闼[③]，绣球傍亭，绯桃[④]照池，香草漫山，梧桐覆井，荼蘼隐竹屏，秋色倚阑干，百合仰拳石，秋萝亚[⑤]曲阶，芭蕉障文窗，蔷薇窥疏帘，合欢俯锦帏，柽花[⑥]媚纱槅[⑦]。

鄂生云：红杏出墙，黄菊缀篱，紫藤掩桥，素兰藏室，翠竹碍户。

---

① 木犀：桂花。

② 匝：围绕、环绕。

③ 绣闼：绣楼闺房。

④ 绯桃：落叶乔木类。花鲜红色，重瓣，分布于我国东北南部至广东、西北、西南。主要用于观赏。

⑤ 亚：垂，低垂。

⑥ 柽花：即柳树的花。

⑦ 槅：指窗上木条做成的格子。

第32则

花底[①]填词，香边[②]制曲，醉后作草[③]，狂来放歌，是谓遣笔四称[④]。

师白云：月下舞剑，亦一绝也。

怡云云：绝塞谈兵，空江泛月，亦觉雄旷。

---

① 花底：鲜花之下。

② 香边：美人身边。

③ 作草：书写草书。

④ 遣笔四称：指创作的四大快事。

第33则

谈禅不是好佛，只以空我天怀①；谈玄②不是羡老③，只以贞我内养④。

稚兰云：谈诗不是慕李杜，只以写我性情。

---

① 以空我天怀：使我心胸开阔。

② 谈玄：指汉魏以来以老庄之道和《周易》为依据而辨析名理的谈论。

③ 羡老：羡慕老庄。

④ 内养：修身养性。

第34则

路之奇者，入不宜深，深则来踪易失；山之奇者，入不宜浅，浅则异境不呈。

警甫云：知此方可陟历。

第35则

木以动折[①]，金以动缺，火以动焚，水以动溺，惟土宜动。然而思虑伤脾，燔炙[②]生冷皆伤胃，则动中仍须静耳。

栗隐云：藏府精微，隔垣洞见。

① 折：断裂，折断。
② 燔炙：烧与烤。亦泛指烹煮。

第36则

习静[①]觉日长，逐忙觉日短，读书觉日可惜。

桐生云：客途日长，欢场日短，侍亲日可惜。

① 习静：静养心神，也指过幽静的生活。

第37则

少年处不得顺境，老年处不得逆境，中年处不得闲境。

涧雨云：中年闲境，最是无憀[①]。

① 憀：音 liáo，依赖、寄托。

第38则

素食则气不浊，独宿则神不浊，默坐则心不浊，读书则口不浊。

华潭云：焚香则魂不浊，说士则齿不浊。

第39则

空山[①]瀑走，绝壑松鸣，是有琴意；危楼[②]雁度，孤艇风来，是有笛意；幽涧花落，疏林鸟坠，是有筑意；画帘波漾，平台月横，是有箫意；清溪絮扑，丛竹雪洒，是有筝意；芭蕉雨粗，莲花漏续，是有鼓意；碧瓯[③]茶沸，绿沼鱼行，是有阮[④]意；玉虫妥烛[⑤]，金莺坐枝，是有歌意。

卧梅子云："阮"字疑琵琶之误。

雪蕉云：海棠倚风，粉篁洒雨，是有舞意。

① 空山：指空寂幽深的山林。

② 危楼：指高耸的楼宇。

③ 碧瓯：碧玉杯。亦为杯的美称。

④ 阮：一种古老乐器"阮咸"的简称。古琵琶的一种。

⑤ 玉虫妥烛：指蜡烛的火花爆落。

第40则

琴医心，花医肝，香医脾，石医肾，泉医肺，剑医胆。

蝶隐云：琴味甘平，花辛温，香辛平而燥，石苦寒，泉甘平微寒，剑辛烈有小毒。

第41则

对酒不能歌，盲于口；登高不能赋，盲于笔；古碑不能橅[1]，盲于手；名山水不能游，盲于足；奇才不能交，盲于胸；庸众不能容，盲于腹[2]；危词[3]不能受，盲于耳；心香不能嗅，盲于鼻。

伯寅云：由此观之，不盲者鲜矣！

---

① 橅：音mó，古通"摹"，临摹。

② 腹：这里指内心。

③ 危词：这里指警告、警醒之句。

第42则

静一分，慧一分；忙一分，愦[①]一分。

尨云居士曰：静中参动是大般若，忙里偷闲是三菩提。

---

① 愦：烦乱。

第43则

至人[①]无梦，下愚[②]亦无梦，然而文王梦熊[③]，郑人梦鹿[④]；圣人无泪，强悍亦无泪，然而孔子泣麟[⑤]，项王泣骓[⑥]。

梅生云：漆园梦蝶，不过中材。

无隐生云：有友患手足酸麻，医不能立方，惜未以《幽梦续影》示之也。

---

① 至人：指道德修养达到至高境界的人。
② 下愚：指极愚蠢的人。
③ 文王梦熊：周文王梦飞熊而得太公姜子牙，比喻圣主得贤臣的征兆。
④ 郑人梦鹿：指郑人梦见蕉鹿，而县邑断此案的故事。
⑤ 孔子泣麟：指孔子因西狩获麟而感叹世衰道穷的故事。
⑥ 项王泣骓：西楚霸王项羽在气数已尽前，有“时不利兮骓不逝”的悲泣。骓，项羽的战马乌骓。

第44则

水仙以玛瑙为根，翡翠为叶，白玉为花，琥珀为心，而又以西子为色[①]，以合德为香[②]，以飞燕为态[③]，以宓妃为名[④]。花中无第二品矣。

退省先生云：莫清于水，莫灵于仙，此花可谓名称其实。

梅花翁云：虽谓陈思一赋为此花写照，犹恐唐突。

① 以西子为色：西施以绝美姿色著称。

② 以合德为香：赵飞燕的妹妹合德以体香著称。

③ 以飞燕为态：赵飞燕以体态轻盈著称。

④ 以宓妃为名：宓妃又叫雒妃，在洛水渡河不幸溺死，传说她做了洛水的女神。她生前以美丽闻名于世。

第45则

小园玩景，各有所宜。风宜环松杰阁[①]，雨宜俯涧轩窗，月宜临水平台，雪宜半山楼槛，花宜曲廊洞房，烟宜绕竹孤亭，初日宜峰顶飞楼，晚霞宜池边小彴[②]。雷者天之盛怒，宜危坐佛龛；雾者天之肃气，宜屏居邃闼[③]。

云在曰：是十幅界画画。

二如曰：雷景鲜有能玩之者。

① 环松杰阁：指松树环绕的楼阁。

② 彴：音 zhuó，独木桥。

③ 屏居邃闼：指退隐深屋修身养性。邃闼，深邃的小门。

第46则

富贵作牢骚语，其人必有隐忧；贫贱作意气语，其人必有异能。

梅亭云：意气[1]最害事，贫贱时有之，即他日骄侈之根。

① 意气：志向、气概。

第47则

高柳宜蝉，低花宜蝶，曲径宜竹，浅滩宜芦，此天与人之善顺物理而不忍颠倒之者也；胜境属僧，奇境属商，别院属美人，穷途属名士，此天与人之善逆物理而必欲颠倒之者也。

忏绮生云：庭树宜月。

蝶缘云：非颠倒则造化不奇。

第48则

名山镇①俗，止水涤妄，僧舍避烦，莲花证趣②。

莲衣云：坐莲舫中，遂使四美具。

少郭云：余每过莲舫，见其舆盖阗③塞，未知能避烦否也？

稚兰云：为下一转语曰：老僧于此避烦。

① 镇：遏制，压制。

② 趣：指佛禅妙趣。

③ 阗：音 tián，充满。

第49则

星象要按星实测，拘①不得成图；河道要按河实浚②，拘不得成说③；民情要按民实求，拘不得成法；药性要按药实咀，拘不得成方。

退省子云：隐然赅④天地人物。

① 拘：拘泥。

② 浚：音 jùn，疏通。

③ 成说：定论，通行的说法。

④ 赅：音 gāi，完善、涵盖。

第50则

奇山大水，笑之境也；霜晨月夕，笑之时也；浊酒清琴，笑之资也；闲僧侠客，笑之侣也；抑郁磊落，笑之胸也；长歌中令，笑之宣①也；鹘叫猿啼，笑之和②也；棕鞋桐帽③，笑之人也。

王寝生云：可作一则笑谱读。

---

①宣：宣泄。

②和：应和。

③棕鞋桐帽：指粗朴的打扮。棕鞋，以棕丝编制的鞋子。桐帽，以桐木做骨子的帽子。

第51则

医花十剂：壅①以补之，水以润之，露以和之，摘以宣之，火以泄之，日以涩之，雨以滑之，风以燥之，祛蠹以养之，纱笼纸帐以护之。

梅花翁云：瓶供钗簪，非惜花者也。

小清闷阁主人云：石以镇之，香以表之。

---

①壅：指用土和肥料培在植物的根部。

第52则

臞[①]字不能尽梅，淡字不能尽梨，韵字不能尽水仙，艳字不能尽海棠。

退省云：幽字不能尽兰，逸字不能尽菊。

兰舟云：曩于武原陈氏园池见退红莲花数茎，实兼“臞、淡、韵、艳、幽、逸”六字之胜。

① 臞：音qú，瘦。

第53则

樱桃以红胜，金柑以黄胜，梅子以翠胜，葡萄以紫胜，此果之艳于花者也；银杏之黄，乌桕之红，古柏之苍，莨竿[①]之绿，此叶之艳于花者也。

享帚生云：果之妙至荔枝而极，枝之妙至杨柳而极，叶之妙至贝多[②]而极，花之妙至兰蕙而极。枝、叶并妙者莫如松柏，花、叶并妙者莫如水仙，花、果并妙者莫如梅花，叶、茎、果无一不妙者莫如莲。

① 莨竿：竹子。莨，音liáng，指幼竹。

② 贝多：贝多树的贝叶在古代用做佛教经文的载体。

第54则

脂粉长[1]丑，锦绣长俗，金珠长悍[2]。

香祖云：与富而丑，宁贫而美；与美而俗，宁丑而才；与才而悍，宁俗而淑。

① 长：增长、增添。
② 悍：蛮横。

第55则

雨生绿萌，风生绿情[1]，露生绿精[2]。

省缘云：烟生绿魂，月生绿神。

竹侬云：香生绿心。

① 情：情致。
② 精：精气。

第56则

村树宜诗，山树宜画，园树宜词。

云在曰：密树宜风，古树宜雪，远树宜云。

第57则

抟[①]土成金，无不满[②]之欲；画笔成人，无不偿[③]之愿；缩地[④]成胜[⑤]，无不扩[⑥]之胸[⑦]；感香[⑧]成梦，无不证之因[⑨]。

冶水云：炼香为心，无不艳之笔。

---

① 抟：音tuán，聚集，把东西捏聚成团。
② 满：满足。
③ 偿：实现。
④ 缩地：指古代术士化远为近的法术。
⑤ 胜：指引人入胜的景观。
⑥ 扩：拓展。
⑦ 胸：心胸。
⑧ 香：香火，指持香许愿之意。
⑨ 无不证之因：指没有不能验证的因缘。

第58则

鸟宣情声，花写情态，香传情韵，山水开情窟，天地辟情源。

月舟云：雨濯情苗，月生情蒂。

萝月主人云：灯证情禅。

忏绮生云：诗孕情因，画契情缘，琴圆情趣。

第59则

将营精舍[1]先种梅，将起画楼先种柳。

箬溪云：将架曲廊先种竹，将辟水窗先种莲。

---

①精舍：原意是学舍、佛舍，后泛指修行读书的房屋。

第60则

词章满壁，所嗜不同；花卉满圃，所指不同；粉黛满座，所视不同。

莲生云：江湖满地，所寄不同。

第61则

爱则知可憎，憎则知可怜。

紫蕙云：怜则知可节取[1]。

---

①可节取：指有节制地收取。

第62则

云何出尘，闭户是；云何享福，读书是。

湓荪云：闭户读书，尘中无此福也。

第63则

厚施与即是备急难，俭婚嫁自然无怨旷，教节省胜于裕留贻。

印青居士云：施与也要观人，婚嫁也要称家。

第64则

利字从禾[①]，利莫甚于禾，劝勤耕也。从刀[②]，害莫甚于刀，戒贪得也。

春山云：酒从水，言易溺也；从酉，酉属金，亦是兵象。

---

① 从禾：指汉字“利”的左边偏旁部首是禾字。

② 从刀：指汉字“利”的右边偏旁部首是刀字。

第65则

乍[①]得勿与，乍失勿取，乍怒勿责，乍喜勿诺。

戒定生云：乍责勿任，乍诺勿疑。

① 乍：忽然。

第66则

素[①]深沉，一事坦率[②]，便能贻误;素和平，一事愤激，便足取祸[③]。故接人[④]不可以猝然改容，持己不可以偶尔改度[⑤]。

无碍云：深沉人要光明，和平人要严肃。

① 素：一直、向来。
② 坦率：草率、粗疏。
③ 取祸：指招来横祸。
④ 接人：与人交往。
⑤ 改度：失去准则。

第67则

有深谋者不轻言，有奇勇者不轻斗，有远志者不轻干进[1]。

心白云：有侠肠者不轻施报。

---

① 干进：谋求名利。

第68则

孤洁以骇俗，不如和平以谐俗；啸傲以玩世，不如恭敬以陶世[1]；高峻以拒物，不如宽厚以容物。

心逸云：能和平，方许孤洁；能恭敬，方许啸傲；能宽厚，方许高峻。

---

① 陶世：教化世俗。

第69则

冬室密[1]，宜焚香；夏室敞，宜垂帘。焚香宜供梅，垂帘宜供兰。

证泪生云：焚香供梅，宜读陶诗；垂帘供兰，宜读楚些[2]。

---

① 冬室密：指冬天房间遮挡严密。

② 楚些：泛指楚地的乐调或《楚辞》。

第70则

楼无重檐则蓄[①]婴武，池无杂影则蓄鹭鸶；园有山始蓄鹿，水有藻始蓄鱼；蓄鹤则临沼围栏，蓄燕则沿梁承板；蓄狸奴[②]则墩必装褥[③]，蓄玉猧[④]则户必垂花；微波菡萏多蓄彩鸳，浅渚菰蒲多蓄文蛤；蓄雉[⑤]则镜悬不障，蓄兔则草长不除；得美人始蓄画眉，得侠客始蓄骏马。

梅臞云：有曲廊洞房、药炉茶臼始蓄丽姝，有名花美酒、象板凤笙始蓄歌伎。

---

① 蓄：畜养。

② 狸奴：这里指猫。

③ 墩必装褥：木墩上一定会包裹锦褥。

④ 猧：音 wō，小狗。

⑤ 雉：音 zhì，小鸡。

第71则

任[①]气语少一句，任足路让一步，任笔文检[②]一番。

问渔云：少一句气恬，让一步路宽，检一番文完。

---

① 任：放任。

② 检：检查。

第72则

以任怨为报德，则真切；以罪己为劝人，则沉痛。

华山词客云：任怨忌有德色，罪己不作劝词。

第73则

偏是市侩[①]喜通文，偏是俗吏喜勒碑[②]，偏是恶妪喜诵佛，偏是书生喜谈兵。

信甫云：偏是枯僧[③]喜见女色。

子镜云：偏是贫士喜挥霍。

---

① 市侩：市井小人。

② 勒碑：刻碑自誉。勒，刻。

③ 枯僧：老僧、孤僧。

第74则

真好色者必不淫[①]，真爱色者必不滥[②]。

仲鱼云：拈花以微笑而止，饮酒以微醺而止。

---

① 淫：放纵淫欲。

② 滥：滥施感情。

第75则

侠士勿轻结[①]，美人勿轻盟[②]，恐其轻为我死也。

心白云：猛将勿轻谒[③]，豪贵勿轻依，恐其轻任我以死也。

① 结：结交。
② 盟：盟约、盟誓。
③ 谒：拜访。

第76则

宁受嘑蹴[①]之惠，勿受敬礼[②]之恩。

问渔云：嘑蹴不报而亦安，敬礼虽报而犹歉。

① 嘑蹴：指无礼的、吆五喝六的施舍。
② 敬礼：指恭敬并以礼相待。

第77则

贫贱时少一攀援[1]，他日少一掣肘；患难时少一请乞，他日少一疚心。

仙洲云：富贵时少一威福，他日少一后悔。

① 攀援：攀附有权势的人。

第78则

舞弊之人能防弊，谋利之人能兴利。

沈箬溪云：利无小弊，虽兴不广；弊有小利，虽除不尽。

第79则

善诈者借我疑[1]，善欺者借我察。

安航云：故疑召诈，察召欺。

① 借我疑：让我产生怀疑。借，这里有“引起”“促使”的意思。

第80则

过施弗谢，自反[①]必太倨；过求弗怒，自反必太卑。

梁叔云：自反非倨，彼其人必系畸士[②]；自反非卑，彼其人必为重臣[③]。

---

① 自反：反躬自问。

② 畸士：指独行拔俗之人。

③ 重臣：指朝廷中居要职的大臣。

第81则

英雄割[①]爱，奸雄割恩。

兰舟云：爱根不断，终为儿女累。

---

① 割：割舍。

第82则

天地，自然之利，私之[①]则争；天地，自然之害，治之无益。

箬溪钓师云：因所欲而与之，其利溥[②]矣。若其性而导之，其功伟矣。

① 私之：指想据为己有。

② 溥：音 pǔ，普遍。

第83则

汉魏诗象春，唐诗象夏，宋元诗象秋，有明诗象冬。包含四时，生化万物，其国初诸老之诗乎。

蕙侬云：六朝诗象残春，晚唐诗象残暑。

第84则

鬼谷子[①]方可游说，庄子方可诙谐，屈子[②]方可牢愁，董子[③]方可议论。

玉淦云：留侯方可持筹，淮阴方可推毂[④]。

无碍云：老子是兵家之祖，鬼谷是法家之祖，庄子是词章之祖。

① 鬼谷子：（生卒年不详），姓王，名诩（或利），又名王禅、王通，号玄微子，春秋战国时期道家、兵家、纵横家，是中国历史上一位极具神秘色彩的人物。

② 屈子：即屈原。屈原（约前 339—前 278），名正则，字灵均，战国末期楚

国辞赋家。

③ 董子：即董仲舒。董仲舒（前 179—前 104），汉广川郡人，汉代思想家、哲学家、政治家、教育家。

④ 推毂：推举人才。毂，音 gǔ，车轮。

第85则

唐人之诗，多类名花：少陵[①]似春兰，幽芳独秀；摩诘[②]似秋菊，冷艳独高；青莲[③]似绿萼梅，仙风骀荡；玉溪[④]似红萼梅，绮思婘娟[⑤]；韦柳[⑥]似海红[⑦]，古媚在骨；沈宋[⑧]似紫薇，矜贵有情；昌黎[⑨]似丹桂，天葩洒落；香山[⑩]似芙蕖，慧相清奇；冬郎[⑪]似铁梗[⑫]垂丝[⑬]；阆仙[⑭]似檀心磬口[⑮]；长吉[⑯]似优钵昙[⑰]，彩云拥护；飞卿[⑱]似曼陀罗，璚[⑲]月玲珑。

啸琴云：微之似水外绯桃，收之似雨中红杏。

---

① 少陵：指杜甫。杜甫（712—770），字子美，自号少陵野老，别称杜少陵，唐代伟大的现实主义诗人。

② 摩诘：指王维。王维（701—761，一说 699—761），字摩诘，号摩诘居士，唐代著名诗人、画家。

③ 青莲：指李白。李白（701—762），字太白，号青莲居士，唐代伟大的浪漫主义诗人。

④ 玉溪：指李商隐。李商隐（约 813—858），字义山，号玉溪生，又号樊南生，唐代著名诗人。

⑤ 婘娟：迂回曲折。

⑥ 韦柳：韦应物与柳宗元的并称。韦应物（737—792），唐代诗人，著有《韦

苏州集》《观田家》等。柳宗元（773—819），字子厚，唐代文学家、哲学家、散文家，唐宋八大家之一。

⑦ 海红：又名西府海棠，落叶乔木，为中国特有植物。

⑧ 沈宋：沈佺期与宋之问的并称。沈佺期（约656—约715），字云卿，唐代诗人。宋之问（约656—约712），字延清，一名少连，初唐时期诗人。

⑨ 昌黎：指韩愈。韩愈（768—824），字退之，别称韩昌黎，世称昌黎先生，唐代文学家、哲学家、思想家，代表作品有《师说》《进学解》等。

⑩ 香山：指白居易。白居易（772—846），字乐天，号香山居士，又号醉吟先生，唐代著名的现实主义诗人，代表作品有《长恨歌》《卖炭翁》等。

⑪ 冬郎：指韩偓。韩偓（约842—约923），乳名冬郎，字致光，号致尧，晚年又号玉山樵人，晚唐五代诗人，代表作品有《玉山樵人集》。

⑫ 铁梗：海棠的一种，花梗细长如丝。

⑬ 垂丝：海棠的一种，花梗细弱下垂。

⑭ 阆仙：指贾岛。贾岛（779—843），字浪（阆）仙，又名瘦岛，唐代诗人，代表作品有《诗格》《唐诗纪事》等。

⑮ 磬口：腊梅的一种。

⑯ 长吉：指李贺。李贺（约791—817），字长吉，唐代诗人，开创“长吉体”诗歌，代表作品有《神弦曲》《雁门太守行》等。

⑰ 优钵昙：佛教传说中的一种花。无花果的一种，三千年开一次。

⑱ 飞卿：指温庭筠。温庭筠（约812—约866），字飞卿，唐代诗人、词人，是花间词派重要作家之一，代表作品有《商山早行》《望江南》等。

⑲ 璚：音qióng，古同“琼”。

幽梦续影跋

余重刊《幽梦影》既蒇，吴门潘椒坡明府远自临湘任所寄示以《幽梦续影》，谓为镇洋朱撷筠大令所著，其弟伯寅尚书所刊，易不并入，以成合璧。余受而读之，觉词句隽永，与前书颉颃，一新耳目。爰体明府之意趣付手民，愿与阅是书者共探其奥而索其旨焉！

光绪七年季春月仁和葛元煦理斋识